北九州

こだわりの美食GUIDE

至福のランチ&ディナー

月刊はかた編集室 著

Mates Publishing

北側に響灘や関門海峡、東側に周防灘が広がり、
南は英彦山や耶馬渓に至る美しい山々に囲まれた北九州市。
海の幸だけでなく山の幸にも恵まれている食材豊富なエリアだ。
日本の近代化を牽引してきたこの街で発展していったのは
産業だけでなく、独自の食文化もまたその一つ。
多様な食文化と食材に惹かれ集まった数々の料理人たちが、
匠の技術で新しい〝北九州の食〟を作り上げている。

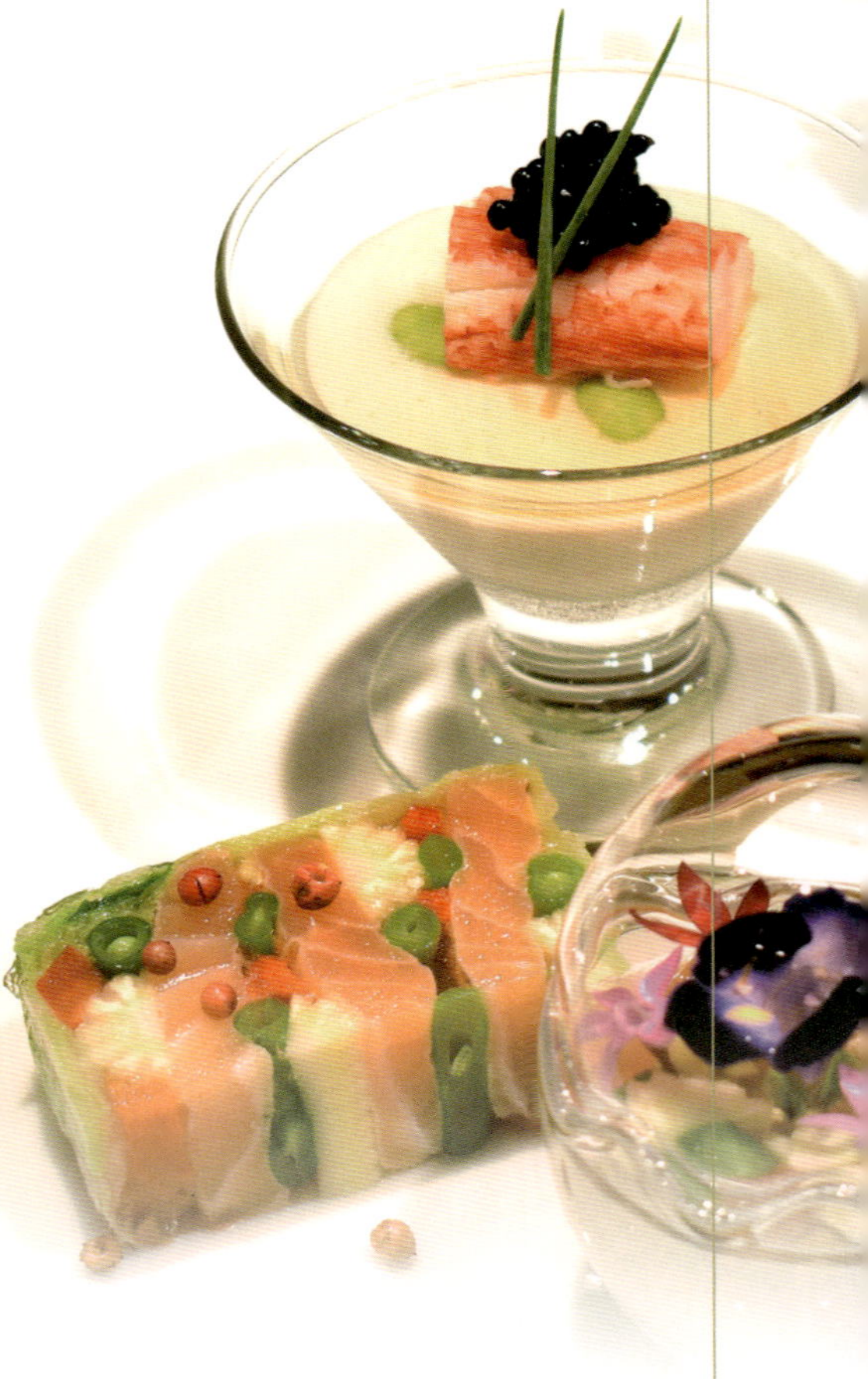

飛行機や新幹線で客がやってくるほどの有名店をはじめ、
祝いの食事はここでという特別な一軒、
地元客が毎日のように訪れる老舗など、
名店ぞろいの北九州のなかでも
特に人気の57軒を厳選した。

大人数でにぎやかに

カウンターも選びたい

北九州

こだわりの美食GUIDE
至福のランチ&ディナー

もくじ

個室でのんびり

景色・設え・庭園の美しさが自慢

幡生駅
下関IC
191
9
下関駅
山陽本線
和洋レストラン
三井倶楽部
P64
門司港駅
門司港レトロ観光線
3
鹿児島本線
199
小森江駅
262
Cafe de Brique
P76
門司駅
71
料亭 金鍋 P20
四季鮮彩 柚香 P68
106サウスインディアン
北九州店 P120
九州工
大前駅
戸畑駅
2
ルポンドフェール
P62
Ristorante
Passo del mare
P80
西小倉駅
フレンチベース洋食屋
しん門 P78
愛宕JCT
小倉駅
富野
旬菜料理
TOMI's DINER P50
新門司
創作懐石
やす多
足立
P116
小文字久芽乃 P26
枝光駅
枝光
ETINCELLLE
KAWAMOTO
P18
nala
P52
香春口三
萩野駅
スペース
ワールド駅
南小倉駅
江戸前鮨 二鶴 P102
紫川JCT
イタリア料理 ベルボスコ
P32
そば処 一徳
P54
カレーの店
いーとん
P56
観山荘別館 P40
城野駅
てんぷらや 茶園 P114
25
10
安部山公園駅
ブラッセリーマラン
P108
現代創作料理
吟川 P30
守恒駅
1
下曽根駅
小倉東IC
石田駅
徳力
公団駅
志井公園駅
322
北九州JCT
朽網駅
九州自動車道
志井駅
小倉南IC
苅田北九州空港IC
日田彦山線

北九州市
近郊
MAP
響灘
495
11
495
丸に十の字のレストラン
TSUNEO P48
若松駅
199
エス 小林 P124
本城駅
陣原駅
熊西駅
黒崎駅
八幡駅
そば処 一清庵
P98
折尾駅
3
筑豊本線
穴生駅
大谷
大谷JCT
3
水巻駅
遠賀川駅
黒崎
211
4
東水巻駅
中間駅
48
200
小嶺
筑豊本線
211
馬場山
八幡(IC)JCT
九州自動車道
鞍手
木屋瀬駅

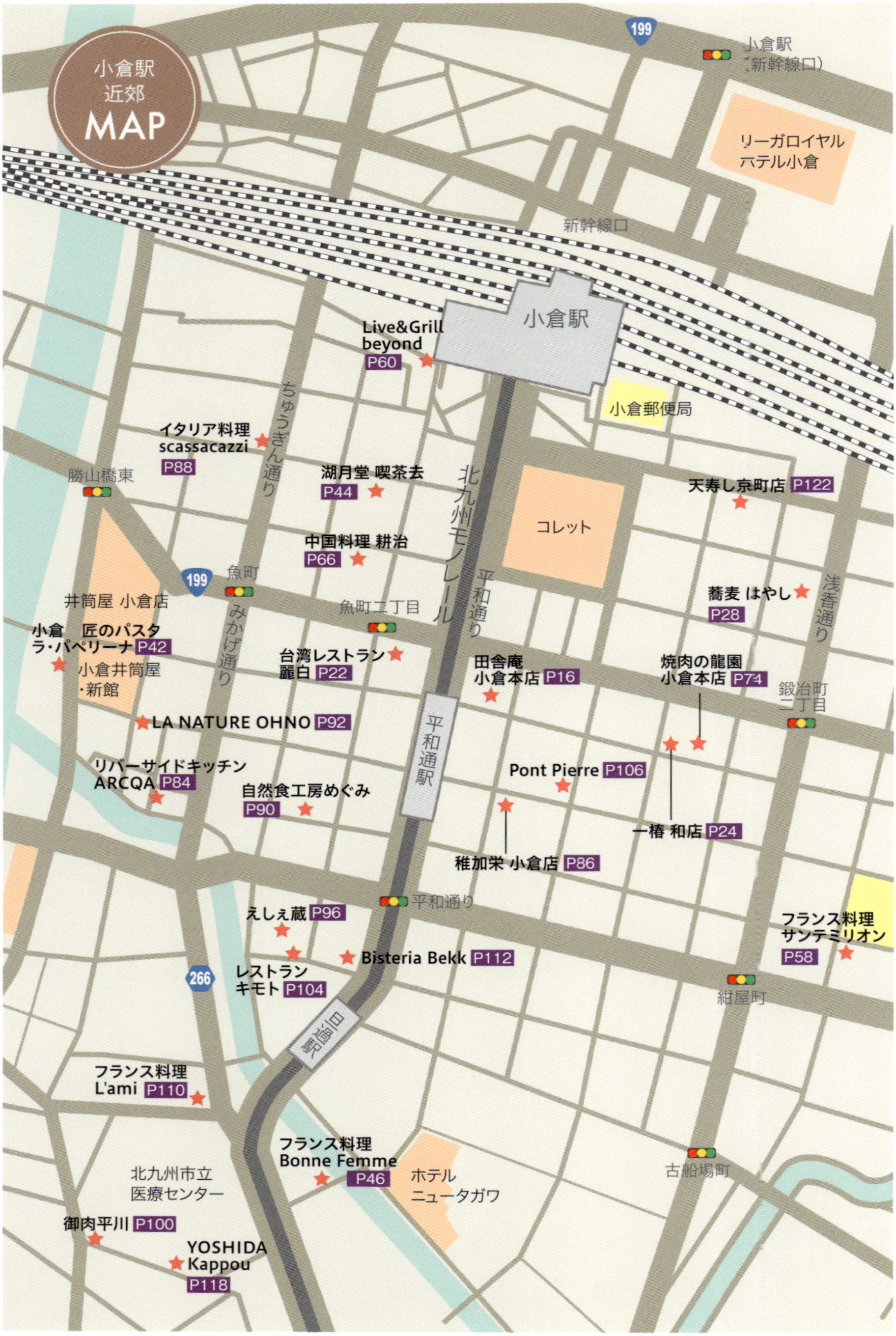
小倉駅
近郊
MAP
199
小倉駅
（新幹線口）
リーガロイヤル
ホテル小倉
新幹線口
小倉駅
Live&Grill
beyond
P60
小倉郵便局
イタリア料理
scassacazzi
P88
ちゅうぎん通り
湖月堂 喫茶去
P44
北九州モノレール
勝山橋東
天寿し京町店 P122
コレット
中国料理 耕治
P66
199
魚町
平和通り
井筒屋 小倉店
蕎麦 はやし
P28
浅香通り
魚町二丁目
小倉 匠のパスタ
ラ・パペリーナ P42
みかげ通り
台湾レストラン
麗白 P22
田舎庵
小倉本店 P16
焼肉の龍園
小倉本店 P74
小倉井筒屋
・新館
鍛冶町
二丁目
LA NATURE OHNO P92
平和通駅
リバーサイドキッチン
ARCQA P84
Pont Pierre P106
自然食工房めぐみ
P90
一椿 和店 P24
稚加栄 小倉店 P86
平和通り
えしぇ蔵 P96
フランス料理
サンテミリオン
P58
Bisteria Bekk P112
レストラン
キモト P104
266
紺屋町
旦過駅
フランス料理
L'ami P110
フランス料理
Bonne Femme
P46
ホテル
ニュータガワ
古船場町
北九州市立
医療センター
御肉平川 P100
YOSHIDA
Kappou
P118

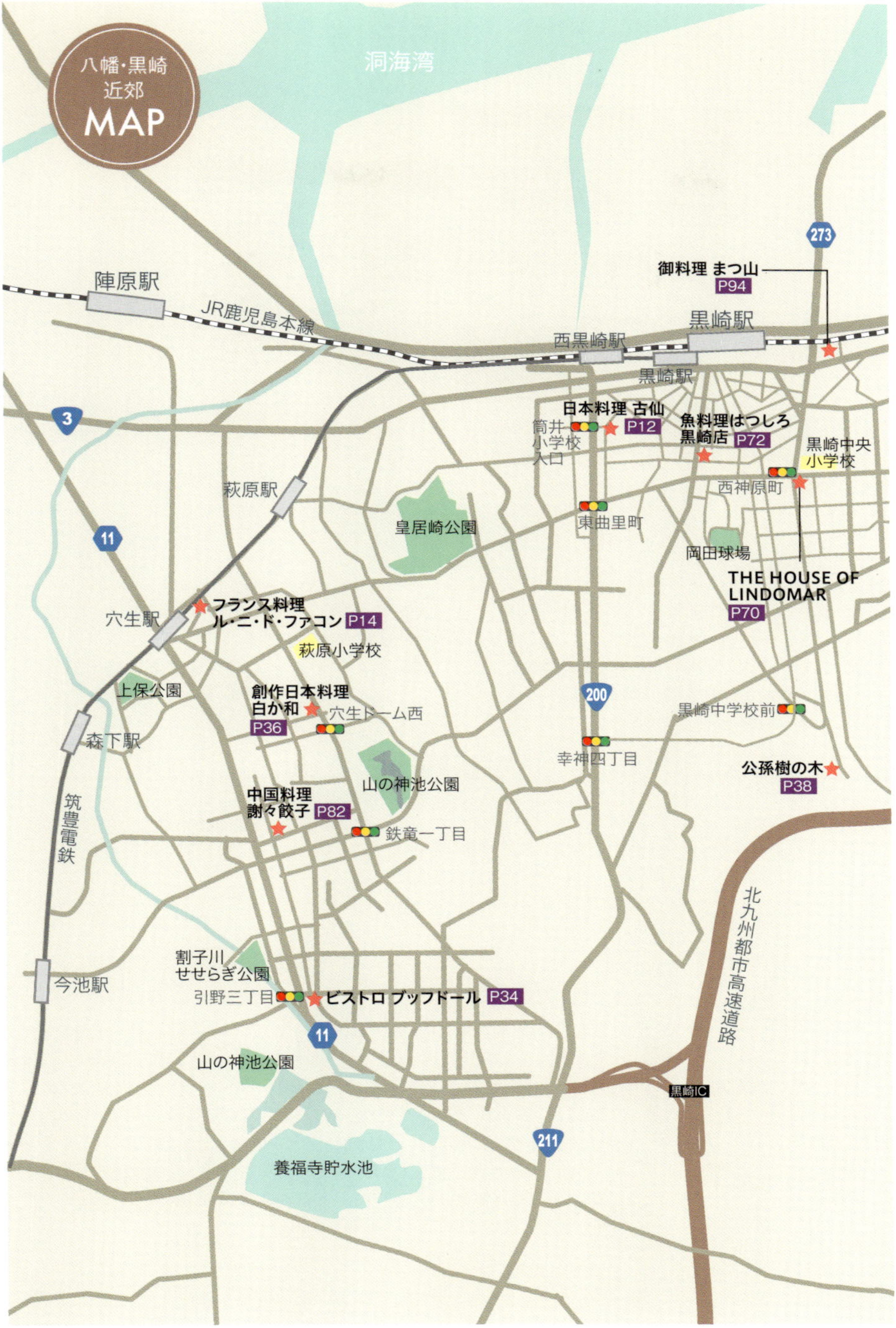
八幡・黒崎
近郊
MAP
洞海湾
陣原駅
JR鹿児島本線
西黒崎駅
黒崎駅
黒崎駅
御料理 まつ山
P94
273
3
日本料理 古仙
P12
筒井
小学校
入口
魚料理はつしろ
黒崎店
P72
黒崎中央
小学校
西神原町
萩原駅
皇居崎公園
東曲里町
岡田球場
THE HOUSE OF
LINDOMAR
P70
11
穴生駅
フランス料理
ル・ニ・ド・ファコン
P14
萩原小学校
上保公園
創作日本料理
白か和
P36
穴生ドーム西
200
黒崎中学校前
森下駅
幸神四丁目
公孫樹の木
P38
山の神池公園
筑豊電鉄
中国料理
謝々餃子
P82
鉄竜一丁目
北九州都市高速道路
割子川
せせらぎ公園
今池駅
引野三丁目
ビストロ ブッフドール
P34
11
山の神池公園
黒崎IC
211
養福寺貯水池

本書の読み方

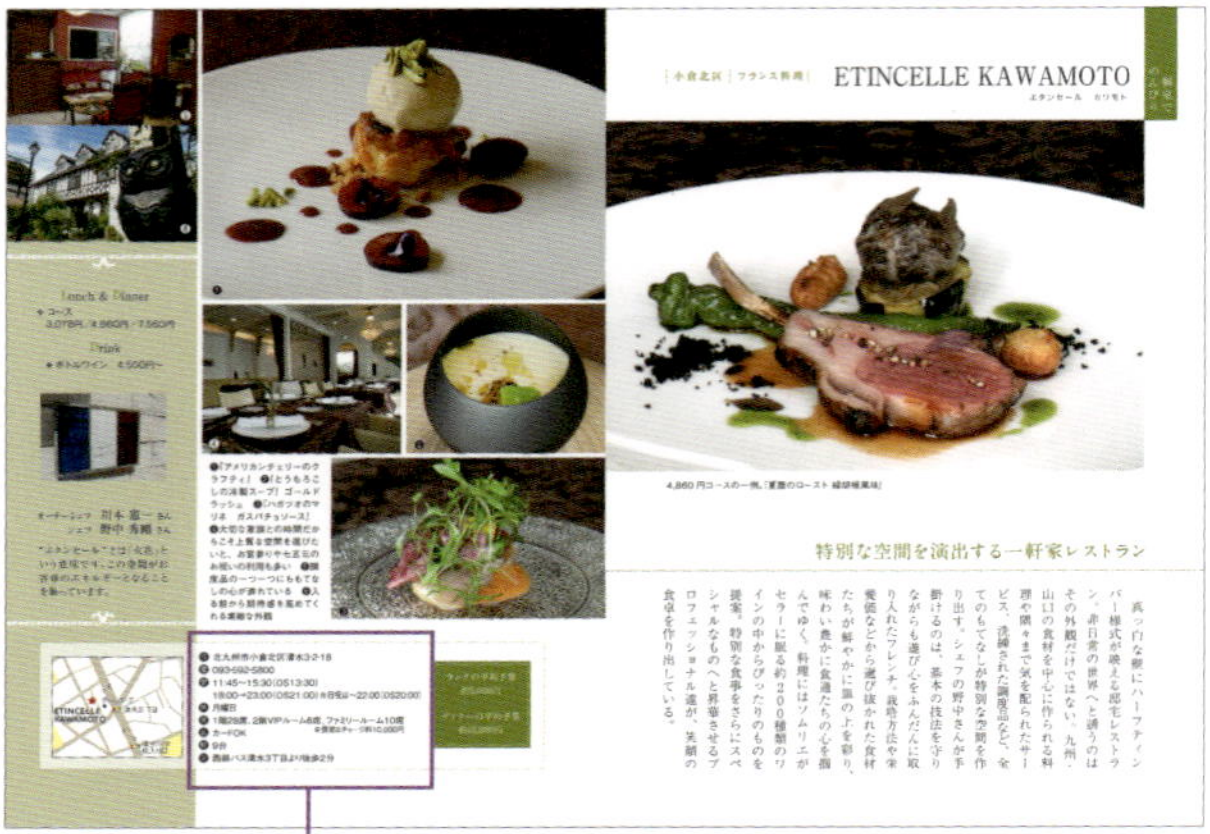

- 住 住所:現住所です。
- 電 電話:ご予約はこちらからどうぞ。
- 営 営業時間:お店が開いている営業時間です。日祝で異なる場合もありますのでご確認ください。
- 休 定休日:季節によって異なるお店もあります。
- 席 席数:おおよその席数です。
- 払 カード:支払い時にカードが使用できるかを表記しています。
- 駐 駐車場:駐車場の有無。駐車場があるところは、台数を表記しています。
- 交 アクセス:左の地図とあわせてご参考ください。

●本書に掲載しているデータは、2018年7月のものです。営業時間、メニュー、価格(追記がなければ税込価格)、周辺地図などは変わる場合がありますので、お店にご確認ください。なお、季節のおすすめメニューはぜひスタッフに質問してみてくださいね。

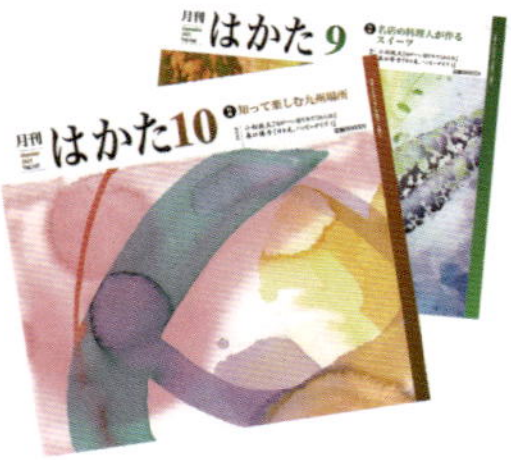

月刊はかたについて

昭和63年創刊の月刊誌。福岡、博多を愛する方々へおくる、文化情報誌です。文化・歴史・人を編集の三本柱に、精神的に成熟した大人たちに向けて、良質の本物を紹介する誌面作りを目指しています。人気コーナーは、福岡の歴史や文化、お店などを、独自の視点で紹介する毎月の特集ページ。福岡にゆかりのある、著名な執筆陣による連載も好評です。B5変型という持ち歩きしやすい大きさ。名店・老舗で構成された「福岡の名店百選会」のお店、ホテルなどで差し上げています。福岡市内の主要書店での購入も可能(一部380円)。便利な定期購読のお申し込みは編集室まで。

[お問い合わせ]
月刊はかた編集室　〒810-0001 福岡市中央区天神4-1-11-8F
TEL 092-761-6606　FAX 092-761-0974　http://www.a-r-t.co.jp/gekkanhakata/

｜八幡西区｜和食｜

日本料理 古仙

ニホンリョウリ　コセン

春の筍や夏のオコゼ、秋の松茸、冬のとらふぐなど、旬の味覚を楽しめる。月替り平日限定の『味こよみ』3,780円の一例。写真は7月のもの

和の空間で感じる心づくしのもてなし

半世紀以上黒崎に暖簾を掲げ続けている老舗料亭。扉の奥では着物姿のスタッフが出迎える。客室は全て個室で、華道家が生ける花や歳時に合わせた掛け軸などの設えが格調高い空間を作り出している。ゆったりと思い思いのペースで熟練の職人技が光る料理を味わおう。

新鮮で安全な食材を求め、魚介は毎朝4時から市場で仕入れ、野菜はなるべく有機栽培のものを使用。それだけにとどまらず、梅やレモン、金柑、ブルーベリーなどの果物は自家農園で完全無農薬栽培をしている。

家族の成長を祝う席などには、記憶に残る特別な時間を過ごしてほしいとオリジナルの垂れ幕が特別な時間を演出する。ここでしか体験できないもてなしの数々だ。

Lunch

- ❖ 味こよみ　3,500円
- ❖ 花うたげ　5,000円
- ❖ 京みやび　8,000円

Dinner

- ❖ 料理長おまかせ　5,000円～
- ❖ 古仙絵巻　7,000円（季節限定）

女将
太田 敏江さん

お客様それぞれのシーンに合わせたおもてなしをいたします。ごゆるりとお過ごしください。

❶お食い初めや結納、長寿のお祝いなど家族が集まる会食はここでと決めている家庭も多い　❷鐘崎漁港・福岡魚市場から取り寄せた上質な天然河豚だけを使用した『ふく会席』15,000円　❸表には、明治の名僧・山田無文老師による看板が創業当初から掲げられている　❹伝統的な日本の建築様式で建てられ、落ち着いた店内

※表示価格は全て税・サ別

住 北九州市八幡西区黒崎5-4-24
電 093-621-5000
営 11:30～15:30、16:00～22:30（OS20:30）
※日祝は～22:00
休 第2･4水曜日
席 14室、200席
払 カードOK
駐 20台
交 JR黒崎駅より徒歩10分

ランチの平均予算
約4,500円

ディナーの平均予算
約7,500円

個室で
のんびり

|八幡西区|フランス料理|

フランス料理 ル・ニ・ド・ファコン

フランスリョウリ　ル・ニ・ド・ファコン

メインの肉料理のイメージ。一皿ごとに平田シェフの感性が光り、季節の彩りを目でも楽しむことができる

優雅に楽しむ正統派フランス料理

北九州出身の平田シェフ。札幌の有名フランス料理店などでの修業を経て、1997年に現在の場所に一軒家レストランを構えた。料理は九州の食材を中心に使用した正統派フランス料理。『ヤリイカのファルシ』や『オマールのリゾット』、『オープンラビオリ』、『サーモンの燻製』、『ガランティーヌ』、『土ゴボウのカプチーノ』、『牡蠣のスープ』など20年来の人気料理と新たに生み出された新作料理をバランスよくコースに組み込み、1シーズンに2度全てのメニューを変える。2階の個室はお祝い事に利用できるのはもちろん、子ども連れやペットと一緒でもゆったりと過ごすことが可能。こうした配慮が、上質な食事をよりエレガントなものへと高めている。

Lunch & Dinner

- ❖ menu A　2,200円
（デザート別料金800円）
- ❖ menu B　3,200円
（スープ別料金900円）
- ❖ menu C　5,800円
- ❖ menu D　7,800円
- ❖ menu Faucon　12,000円

シェフ
平田 大樹 さん

ランチタイムはA・Bコースのデザートのお代わりOKです。ゆっくりとお楽しみください。

❶❸❺彩り豊かなコース料理の一例　❷ワインはブルゴーニュが中心でボルドー、シャンパーニュ、ローヌ、アルザス、ロワールなどフランス各地の上質なものから、各国の上質なワインが豊富に揃い、ぴったりのペアリングをおすすめしてくれる　❹クラシックな店内。15名から貸切ることができる　❻色とりどりの野菜とローストビーフがまるでリースのようなサラダ

住 北九州市八幡西区鷹の巣1-6-26
電 093-622-5005
営 11:00～14:00（OS）、17:00～21:00（OS）
休 月曜日
席 28席（個室8席）
払 カードOK
駐 7台
交 筑豊電鉄穴生駅より徒歩3分

ランチの平均予算
約3,000円

ディナーの平均予算
約7,000円

｜小倉北区｜鰻｜

田舎庵 小倉本店

イナカアン　コクラホンテン

『鰻重』パリッと芳ばしく焼かれた皮目とふわふわの身を堪能できる

天然鰻を最高の条件でいただく

希少性の高いニホンウナギは、最高の条件で食べたいもの。こちらで提供されるのは漁師が獲った天然鰻、もしくは天然に近い環境で育てられた鰻のみだ。ゆっくりと余分な脂を落としながら中まで火を通し、ふっくらと仕上げる。化学調味料や不要な添加物を使用しない秘伝のタレに浸した『蒲焼』や最高級のコシヒカリと共に蒸しあげた『せいろ蒸し』などの定番メニューだけでなく、実山椒がピリッと香る『鰻茶漬け』も名物の一つ。また、店主の緒方さんは毎年、世界的な鰻の産地であるイタリア・コマッキオ市で開催される「うなぎ祭り」に参加し日本の伝統を披露。技術を継承しながらも新しいことにチャレンジしていく、〝古くて新しい〟鰻屋だ。

Lunch & Dinner

- ❖ せいろ蒸し（肝吸・お漬物）
  松 2,052円、竹 2,700円、
  梅 3,132円、二段 4,536円
- ❖ 鰻重（肝吸・お漬物）
  松 3,132円、竹 4,104円、梅 4,968円
- ❖ うなぎ茶漬け
  （お漬物付き、7、8月以外のみ） 2,700円
- ❖ 蒲焼コース　松 5,184円、竹 6,588円
- ❖ 天然鰻の白焼き　8,100円

Dinner

- ❖ ビール（中瓶）　648円
- ❖ ノンアルコールビール　648円
- ❖ ウィスキー（スコッチ）　648円
- ❖ ペリエ　432円

店主
緒方 弘 さん

2017年、台湾・台北に「小倉屋」という鰻専門店を出店いたしました。イタリアのコマッキオ市で開催される「うなぎ祭り」にも毎年参加しています。

❶『ひつまぶし』3,300円は7・8月以外のみ注文が可能　❷『せいろ蒸し』（梅）3,132円　❸風格を感じる設え　❹待っている間も鰻の香りが期待感を高まらせる　❺座敷席は子ども連れでも安心

住 北九州市小倉北区鍛冶町1-1-13
電 093-551-0851
営 11:00～21:30（OS21:00）
休 年末年始、春秋季節休
席 80席、個室2室
払 カードOK
駐 なし
交 北九州モノレール平和通駅より徒歩3分

ランチの平均予算
約3,000円

ディナーの平均予算
約5,000円

| 小倉北区 | フランス料理 |

ETINCELLE KAWAMOTO

エタンセール　カワモト

4,860円コースの一例。『夏鹿のロースト 緑胡椒風味』

特別な空間を演出する一軒家レストラン

真っ白な壁にハーフティンバー様式が映える邸宅レストラン。非日常の世界へと誘うのはその外観だけではない。九州・山口の食材を中心に作られる料理や隅々まで気を配られたサービス、洗練された調度品など、全てのもてなしが特別な空間を作り出す。シェフの野中さんが手掛けるのは、基本の技法を守りながらも遊び心をふんだんに取り入れたフレンチ。栽培方法や栄養価などから選び抜かれた食材たちが鮮やかに皿の上を彩り、味わい豊かに食通たちの心を掴んでゆく。料理にはソムリエがセラーに眠る約200種類のワインの中からぴったりのものを提案。特別な食事をさらにスペシャルなものへと昇華させるプロフェッショナル達が、笑顔の食卓を作り出している。

Lunch & Dinner

❖ コース
3,078円／4,860円／7,560円

Drink

❖ ボトルワイン　4,500円～

オーナーシェフ　**川本 憲一** さん
シェフ　**野中 秀剛** さん

“エタンセール”とは「火花」という意味です。この空間がお客様のエネルギーとなることを願っています。

❶『アメリカンチェリーのクラフティ』　❷『とうもろこしの冷製スープ』ゴールドラッシュ　❸『ハガツオのマリネ　ガスパチョソース』　❹大切な家族との時間だからこそ上質な空間を選びたいと、お宮参りや七五三のお祝いの利用も多い　❺調度品の一つ一つにももてなしの心が表れている　❻入る前から期待感を高めてくれる素敵な外観

住 北九州市小倉北区清水3-2-18
電 093-592-5800
営 11:45～15:30（OS13:30）
18:00～23:00（OS21:00）※日祝は～22:00（OS20:00）
休 月曜日
席 1階28席、2階VIPルーム6席、ファミリールーム10席
※個室はチャージ料10,000円
払 カードOK
駐 9台
交 西鉄バス清水3丁目より徒歩2分

ランチの平均予算
約5,000円

ディナーの平均予算
約15,000円

|若松区|日本料理|

料亭《リョウテイ》 金鍋《キンナベ》

『牛鍋』。牛を日持ちさせるために味噌につけて運んでいた時代の調理法で作られている

明治から続く料亭で伝統の牛鍋を

明治期の面影を伝える建物が国の有形文化財として登録されている同店。創業者が横浜で出合った「牛鍋」に感銘を受け、小倉駅付近に九州初の牛鍋屋として開業した。その後、明治28年に若松で料亭として創業し、県内で最も古い歴史を持つ料亭となった。数多くの著名人たちが常連に名を連ね、「花と龍」「麦と兵隊」で知られる芥川賞作家・火野葦平も足しげく通ったという。現在でも「葦平の間」として当時の設えを残す。また、九州の肉食文化の先駆けであっただけに、現在でも伊万里牛を使用した牛肉料理が人気。たっぷりの焼ねぎと昆布出汁を使用した伝統の割下で炊く『牛すきコース』や、八丁味噌を使用した『牛鍋コース』など、創業当初の味わいが受け継がれている。

Lunch & Dinner

- ❖ 牛すきコース　7,560円
- ❖ 牛鍋コース　7,560円
- ❖ 魚すきコース　7,560円
- ❖ 牛しゃぶコース　6,480円
- ❖ 鴨なべコース　5,400円
- ❖ 鶏水炊きコース　5,400円
- ❖ 雪懐石　5,400円

店主
真花 宏行 さん

古き良き料亭の雰囲気を心づくしの料理と共にお楽しみください。

❶『牛すきコース』の牛すき。甘みのある伊万里牛の脂が伝統の割下に溶け出し絶妙なうま味となる　❷玄界灘の魚を使用した『魚すき』もある　❸『お昼の懐石』4,104円。ランチタイムには料亭の懐石をお得に楽しめる　❹四季の素材を使った懐石は、結納や法事にも利用したい　❺歴史を感じさせる壮麗な玄関　❻2階にある「葦平の間」

住 北九州市若松区本町2-4-22
電 093-761-4531
営 11:00〜15:00、17:00〜22:00
休 不定休
席 150席
払 カードNG
駐 なし
交 JR若松駅より徒歩3分

ランチの平均予算
約6,000円

ディナーの平均予算
約8,000円

| 小倉北区 | 台湾料理 |

台湾レストラン 麗白

タイワンレストラン　レイハク

ディナーコース8,640円の料理。「海老チリ」と「海老のマンゴーマヨ」に唐人参を添えて

北九州の食材で作る身体に嬉しい台湾料理

シェフは台湾出身の張玉輝さん。台湾の老舗レストラン「欣葉《しんいえ》」やその日本支店で実績を積み、北九州店では料理長を務めた。そのなかで山海の幸が豊富な北九州に惚れ込み、2016年に自身のレストランをオープンさせたという。台湾の料理は魚や野菜を中心に蒸したり炊いたりする調理法が基本で、日本人の舌にも馴染みやすい。解熱作用のある緑豆やむくみを取る糸瓜など、旬の味覚を薬膳として取り入れる台湾の技法で身体に優しいコース料理に仕立てている。料理には北九州の食材と併せて、調味料や台湾タケノコ、タロイモ、カラスミなどの台湾から取り寄せたものも使用。台湾と北九州を結び、極上の食卓を作り出している。

❻

❼

Lunch

❖ 麗白ランチコース　2,160円
❖ ランチセット　1,620円

Dinner

❖ コース　5,400円～

オーナーシェフ
張 玉《ぎょく》輝《き》 さん

お茶は台湾から取り寄せた手摘みの高山茶をご用意しています。ゆっくりと食事をしながら台湾の魅力を感じてください。

❶

❹

❷

❺

❸

❶台湾の屋台などでもよく食べられている「胡椒餅」と「タロイモの団子」　❷『海老のマンゴーマヨ』　❸『牛フィレと季節野菜の炒め』　❹デザートの盛り合せ　❺メイン料理を選べる『麗白ランチコース』2,160円のオードブル　❻ランチコースの自家製点心　❼ディナーコースの前菜

住 北九州市小倉北区魚町2-5-17インクスポットビル2F
電 093-287-8287
営 11:30～22:00(OS21:00)
休 第1・2・3・5日曜日、第4日曜日の翌月曜日
席 26席(個室10名まで)
払 カードOK
駐 なし
交 北九州モノレール平和通駅より徒歩3分

ランチの平均予算
約3,000円

ディナーの平均予算
約7,000円

| 小倉北区 | 和食 |

一椿《ヒトツバキ》　和店《ナゴミテン》

『秋冬限定　ふぐ鍋懐石』5,184円〜

和の風情が粋な創作懐石

米町に本店を構え、現在4店舗を運営する人気店。旬の食材を熟練の技で丁寧に調理している。そうした職人の姿勢が、もてなしや店内の雰囲気にも表れており、大事な人を連れていきたい店として選ばれることが多い。個室をはじめ、庭を臨む広間や広めの宴会場を備えており、慶事など大事な場面での利用や接待、忘年会・新年会での利用にも重宝される。毎月変わる季節の懐石料理だけでなく、夜は単品での注文も可能。イカやカワハギ、オコゼなど時季の活魚や夏限定の殻付きウニ、秋冬限定の活きとらふぐといった魚介が幅広く揃うだけでなく、薩摩鶏や和牛などを使用した一品料理も豊富だ。落ち着いた和の雰囲気で、思い思いの時間を楽しむことができる。

Lunch&Dinner

- ❖ 古都懐石　4,104円
- ❖ 特選　刺身盛合せ　2,160円
- ❖ イカ活造り　2,160円～
- ❖ 霜降り馬刺し　1,620円

Drink

- ❖ ザ・プレミアムモルツ生
  小486円、中626円
- ❖ グラスワイン（赤・白）　540円
- ❖ 高知県馬路町の
  柚子酎ハイ　626円
- ❖ 熊本県産の
  デコポン酎ハイ　626円
- ❖ 大分県産の
  カボス酎ハイ　626円

ホール統括店長
池永 稔夫 さん

市内全域にお弁当の配達もいたします。また、ご家庭での料理の基礎となるだしパックも、ご自宅用や贈答品としてご利用いただいております。

❶『雅懐石』4,860円。黒毛和牛料理付　❷『貴船懐石』5,940円。活きアワビの踊り蒸しつき　❸ランチタイム限定の国産鰻。『鰻重』松3,672円、並3,024円　❹『ひつまぶし』松3,672円　❺静かな庭を望む店内。全席掘りごたつでゆったりと過ごすことができる　❻ライトアップされたアプローチ

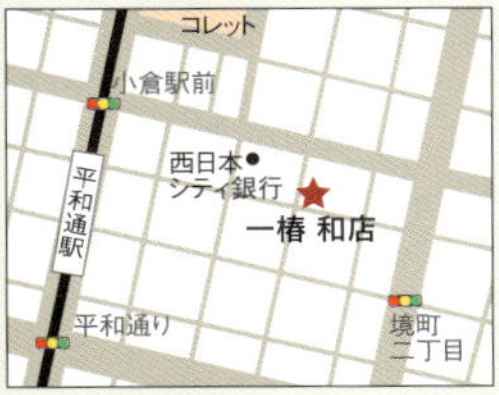

住 北九州市小倉北区鍛冶町1-8-20
電 093-522-0753
営 11:30～14:30、17:30～22:30
休 不定休
席 60席（個室7室）
払 カードOK
駐 なし
交 北九州モノレール平和通駅より徒歩3分

ランチの平均予算
約2,500円

ディナーの平均予算
約5,000円

|小倉北区|和食|

小文字《コモンジ》 久芽乃《クメノ》

7品に食事とデザートが付く『会席』5,400円の一部。8時間煮込んだ後に1時間蒸して作る『豚の角煮』は一番の人気献立

じみじみと味わう丁寧な和食

お盆の迎え火に「小」の火文字を灯すことで知られる小文字山。その麓に広がる閑静な住宅街の一角に一軒の和食店がある。店主の久米田さんは職人気質の料理人で、既製品は使わず、全ての工程を一人で行う。なかでも人気の『豚の角煮』は圧力鍋を使用せずに余分な脂を取り除きながら8時間煮込み、更に1時間をかけてふっくらと出汁を含ませた自慢の一品だ。口の中でホロホロとほどける食感と、薄味ながらもしっかりと感じる肉の旨味が特徴。これを目当てに訪れる客も少なくないという。2つある座敷は掘りごたつではないので、子ども連れにも安心。『豚の角煮』と『ちりめん山椒煮』は持ち帰りも可能だ。いつもの食卓にプロの味で花を添えよう。

❶先付け『 豆乳ゼリー生ウニのせ』　❷前菜盛り合わせは日によって内容が違う　❸『クラゲの中華和え』　❹『蟹の茶碗蒸し』　❺少し座高を高くした座椅子も用意している　❻友人宅に招かれたかのような安心感　❼『タイとヒラスのお造り』　❽『野菜とひりょうずの炊き合わせ』

Lunch

- ❖ 久芽乃御前 1,800円
- ❖ お昼のおてごろ会席　3,800円

Dinner

- ❖ おまかせ料理　　4,320円
- ❖ 季節の会席料理　5,400円～

◎持ち帰り

- ❖ 豚角煮　860円
- ❖ ちりめん山椒煮　1,200円

店主
久米田 幸男 さん

ゆったりくつろげるテーブル席もございます。ご予約の際にお申し付けください。

- 住 北九州市小倉北区小文字1-7-31
- 電 093-531-2181
- 営 11:30～14:30、17:30～22:00（要予約）
- 休 月曜日
- 席 16席（個室2室）
- 払 カードOK
- 駐 3台
- 交 西鉄バス小文字一丁目より徒歩3分

ランチの平均予算
約2,500円

ディナーの平均予算
約5,000円

小倉北区 | 蕎麦 |

蕎麦《ソバ》 はやし《ハヤシ》

『鴨セイロ』1,404円。国産最上級の鴨を使用

大人のための蕎麦処

蕎麦と蕎麦を使用した一品料理が楽しめる「蕎麦はやし」。福智町産の蕎麦の実を自家製粉し、手打ち蕎麦だけでなく蕎麦粉を使用した天ぷらや蕎麦がきの揚げ出し、蕎麦の実とアボカドの和え物など様々に表情を変える蕎麦の楽しみ方を提案してくれる。休日には蕎麦農家を訪ね家族ぐるみの付き合いを行う一方、今年からは蕎麦畑に入り、一から蕎麦作りに携わるようになったという。「蕎麦打ちの師匠は心から蕎麦が大好きで手間ひまを惜しまない人。私もそれに倣い、師匠に負けないくらいの仕込みをしようと務めています」と林さんは語る。一度味わえば、美味しい蕎麦を提供するだけでなく、蕎麦の魅力の引き出し方を模索し続けていることがわかる。

Dinner

- ❖ かけ　650円
- ❖ 玉子焼　700円

Drink

- ❖ 日本酒　1合750円～
- ❖ そば焼酎　450円

店主
林 孝道 さん

一人で全て行うためお待たせしてしまうこともありますが、ごゆっくりお楽しみいただければ幸いです。また、未成年の入店はご遠慮いただいております。

❶『天ぷら』162円～。蕎麦粉を使用した天ぷら　❷日替わりの付きだし『そばの実豆腐』432円。蕎麦の実がプチプチと楽しい食感　❸蕎麦をアテにちょい飲みなんて使い方もOK　❹大通りに面しているのでアクセスもいい

- 住 北九州市小倉北区京町3-13-14
- 電 093-533-3195
- 営 17:30～22:30（入店は21:00まで）
- 休 日祝
- 席 テーブル10席、カウンター4席、座敷16名まで
- 払 カードOK
- 駐 なし
- 交 JR小倉駅より徒歩5分

ディナーの平均予算
約6,500円

|小倉南区|和食|

現代創作料理《ゲンダイソウサクリョウリ》　吟川《ギンセン》

コースについてくる『豆乳湯豆腐』は京都の料理コンクールで賞を取った一品。『花ごよみ膳』2,160円

伝統を継承しながら進化する

店主の川畑忠光さんは関西や東京、静岡の一流ホテルで長年料理長を務め、２００１年に故郷の北九州に自身の店を構えた。オープン当初から長男である２代目と共に厨房に立ち、二人三脚で腕を振るっている。「料理人は立ち止まったら終わりなんです」と話す通り、日本料理の伝統を守りながらも、新しいアイデアを試すことも多い。また、彩りだけでなく、体を冷やしたり温めたりといった食材の作用を考慮しながら献立を組み立てるという。ホテルで培った丁寧な仕事と客との掛け合いが勉強になるという謙虚な姿勢で、地元客のみならず県外から訪れるファンも多い。カウンター席から見える川畑さんの流れるような手さばきが、これまでの料理人人生を物語っている。

Lunch

- ❖ 茶華御膳　3,240円
- ❖ 旬雅膳　3,780円
- ❖ 輝　4,320円
- ❖ 花枝　4,860円

Dinner

- ❖ 創作懐石「水仙」　6,480円
- ❖ 創作懐石「竹酔」　7,560円
- ❖ 現代創作料理　10,800円

2代目
川畑 雄祐 さん

父と共に店に入り18年が経ちました。これからも常に新しいものを取り入れながら、丁寧に料理を作ってまいります。

❶テーブル席は気軽な食事会に　❷豪華な季節懐石『吟川』5,000円　❸純和風の座敷　❹カウンターに座れば、川畑さんからホテル時代の裏話が聞けるかも　❺温かい光が溢れる外観

- 住 北九州市小倉南区守恒2-1-40兎屋ビル1F
- 電 093-964-5811
- 営 11:30～14:30（OS14:00）、17:00～22:00（OS21:00）
- 休 月曜日（祝日は営業）
- 席 50席
- 払 カードOK
- 駐 提携パーキングあり（お食事の方は無料）
- 交 北九州モノレール守恒駅より徒歩5分

ランチの平均予算
約3,000円

ディナーの平均予算
約6,000円

| 小倉北区 | イタリア料理 |

イタリア料理 ベルボスコ

イタリアリョウリ　ベルボスコ

『季節のおすすめコース』3,780円。旬の地場食材を使ったコース

北九州イタリアンで生産者と消費者をつなぐ

オーナーの永田さんはイタリアのミラノや大阪の有名イタリア料理店で研鑽を積み、地元食材を使用するレストランをオープンさせた。使用する野菜のほとんどは、築上町や上毛町、みやこ町、耶馬渓の農家と直接取引したオーガニックのものだ。「有機栽培と表示することができない小規模な農家も多く、私も実際の畑を見た上でその食材を使うかどうかを考えたいんです」と永田さん。

仕入れるだけでなく、知り合った生産者を招いたり、生産者を訪れるといったイベントも企画している。「私たちが生産者の顔を知りたいのと同様、彼らも消費者の声を聞きたい。この店が懸け橋になって、農家の方にもお客様にも喜んでいただければ嬉しいです」。

Lunch

- ❖ パスタランチ　972円～
- ❖ ボスコランチ　2,376円

Dinner

- ❖ イタリアンオードブルの盛り合わせ　1,600円
- ❖ 本日の豊前海お魚料理　1,600円～
- ❖ 本日のおすすめチーズ盛り合わせ　1,400円

オーナー
永田 秀則 さん

イベントの情報は私のFacebookで随時更新しています。是非、生産者の思いを肌で感じてください。

❶『オーガニック野菜のピッツァ』1,296円。オーガニック野菜たっぷりのサラダピッツァ　❷プリフィクスの『ボスコランチ』2,376円。スープ、パスタ、メイン料理が選べる。写真は『ボロネーゼソースパスタ』、『鹿肉のソテー 桑の実のソース』、『かぼちゃのスープ』、『真鯛のオーブン焼き』、『じゃがいもとシイタケのキッシュ』、『桃のタルトとチョコレートケーキ』　❸親しみやすく居心地のいい店内　❹バジルは永田さんが水耕栽培したもの

- 住 北九州市小倉北区足原1-1-17
- 電 093-533-5669
- 営 11:30～14:30(OS)、18:00～21:00(OS)
- 休 月曜日
- 席 14席、個室1
- 払 カードOK
- 駐 3台(近隣に有料駐車場あり)
- 交 西鉄バス神岳より徒歩3分

ランチの平均予算
約2,000円

ディナーの平均予算
約3,000円

八幡西区｜フランス料理

ビストロ　ブッフドール

ビストロ　ブッフドール

『ローストビーフ　シーザーソースとフレッシュビーツのゼリー寄せ』

野菜の力をフレンチで感じる

１９８３年創業の老舗フランス料理店。こちらで提供されるのは、独自にアレンジした健康に良いフランス料理。数々の賞を受賞する正統派フレンチシェフだった料理長の中田さんは、長く営業を続ける中で加齢や病気などで思うように食事ができない客が増えたことを受け、約20年前からヘルシーな料理作りに挑戦し始めたという。フランス料理の基本を軸としながらも、要となるのは、野菜をブイヨンで煮込み滑らかに濾したソース。エイジングケアや美白効果、疲労回復に効果がある食材などを独学で研究し、徐々に現在のスタイルを確立した。また、バターや生クリームは最小限しか使用せず、カロリーを控えめに。特殊な食材以外は地元のものを使用し、地産地消も推奨している。

Lunch

❖ ランチ　1,080円～

❖ ハンバーグ　2,000円

Dinner

❖ コース　3,500円～

料理長　中田　薫 さん
シェフ　中田　努 さん

2014年に市から「技の達人」として認定されました。今後も息子の次世代の感覚を取り入れながら、健康を考えた料理を作り続けていきます。

❶『牛ヒレ肉の香草風味焼き』地元で採れたパプリカのムースと地野菜のラタトゥイユを添えて　❷『季節のコース』5,500円。写真は『鯛のポワレバルサミコソース』。魚は玄界灘や周防灘など近海のものが中心　❸温かみのある店内　❹『日替りランチ』1,300円。パン又はライスがセットになっている　❺『オムライス』880円。こちらは夜も注文が可能　❻女子会などにおすすめの『夜ランチ』2,500円。魚のソースにはパプリカを使用

住 北九州市八幡西区引野3-18-1
電 093-641-1514
営 11:30～14:30、17:00～21:00
休 木曜日
席 テーブル20席、和室10席
払 カードOK
駐 10台
交 西鉄バス引野小学校より徒歩2分

ランチの平均予算
約2,000円

ディナーの平均予算
約5,000円

八幡西区｜創作料理

創作日本料理　白か和

ソウサクニホンリョウノ　シラカワ

『真鯛と２色茄子、バターナッツかぼちゃの包み焼』

自由自在に素材を生かして世界が広がる

２０１６年にオープンした創作日本料理店「白か和」。料理にはできるだけ無農薬野菜を使いたいと若松をはじめ遠賀や芦屋、岡垣、糸島、津屋崎、田川など近隣地域の１５０軒にも上る農家から野菜を取り寄せている。野菜の品種は農家に任せているため、手に入る食材は色や形にばらつきがあることが多い。なかには収穫量が少なく市場には出てこない希少な品種もあるのだとか。また、乳製品や小麦粉は使用せず、米油など上質な油を取り入れ健康に気を使った料理を中心に献立を組み立てている。こうした取り組みの背景には、病気で食事制限をしている客の存在があった。制限がある中で食事を楽しむには創作料理は相性がよく、自由な発想で一皿を仕上げていく。

Lunch

❖ 季節の創作コース
3,000円、4,000円
❖ 特選創作コース　5,000円～

Dinner

❖ コース
5,500円、7,000円、8,000円
❖ 特選創作コース　10,000円～

店主
白川 敬峻《たかし》 さん
農家の方との間に入り、彼らの事を伝えるのも私の仕事だと考えています。

❶『お昼のコース』4,000円の一例。水イカとヨコワのタタキ、鯛の『カルパッチョ』人参や紫玉ねぎでカラフルに　❷醤油をつけずに食べる『お湊ぎ』タイの昆布締めと鰻の山椒焼き　❸鱧と冬瓜、シメジ、クコの実、レンコン、ツルムラサキが入った『鱧の薬膳スープ』❹『メロンとリンゴのジュレ』一般には流通していない岡垣の赤桃を使用　❺『関門地だこのひつまぶし』❻色とりどりの野菜　❼『黒毛和牛サーロインステーキ』富士山の溶岩を使って焼き加減を調整できる。万願寺唐辛子とレモン塩、山葵を添えて　❽『シャドークイーンの冷やし饅頭』

住 北九州市八幡西区鷹の巣2-4-11
電 093-883-6833
営 11:00～15:00(OS14:30)、18:00～22:00(OS21:30)
休 水曜日
席 個室4室、18席
払 カードNG
駐 10台
交 筑豊電鉄穴生駅より徒歩10分

ランチの平均予算
約3,500円

ディナーの平均予算
約6,500円

｜八幡西区｜和洋会席｜

公孫樹の木《イチョウノキ》

昼も夜も楽しめる『菊華御膳』4,500円のメイン。『和牛ロースのサイコロステーキ』

丘の上で過ごす特別な時間

高台に建つ看板のないレストラン。耳をすませば鳥のさえずりと樹々の葉音が聞こえてくる静かな隠れ家のような場所だ。店内には八幡の景色を眺めることができるテラス席や、広々とした座敷もあり、夜になれば庭園のライトアップも美しい。店主は、関西でホテルの料理長や結婚式場の料理を手掛けていた経験を持つ料理人。オープンから10年が経ち、顔合わせといった祝いの席や会社の集まりに利用されるなど、ますます地元に根付く一方、遠方からの常連客も多い。和食を基本に洋食や中華の要素も取り入れ、幅広い人の口に合うように繊細に調理されている。小さな子どもから年配層まで様々な客が訪れるため、出汁を利かせたやさしい味わいを心がけている。

Lunch

- ❖ 紅葉御膳　1,700円
- ❖ 公孫樹御膳　2,700円
- ❖ 特別ランチ　3,000円

Dinner

- ❖ コース　3,800円～

店主より

見つけづらい場所にありますが、いい店を発見したなと思っていただければ幸いです。

❶『じゃがいものスープ』 ❷前菜『明太子のしんじょ・和風ローストビーフ・海老　❸『素麺のカルパッチョ 温泉卵添え』 ❹京風の味付けがされた『豆乳鍋』 ❺『甘鯛の黒酢あんかけ』 ❻『イカの白子饅頭』 ❼デザートの手作りケーキ　❽掃除が行き届いた庭

住 北九州市八幡西区西鳴水2-27-10
電 093-641-7678
営 11:30～15:00、17:00～22:00（OS21:00）
休 月曜日不定休
席 45席、個室5室
払 カードOK
駐 20台
交 JR黒崎駅より車で10分

ランチの平均予算
約3,000円

ディナーの平均予算
約5,000円

景色・設え・庭園の美しさが自慢

小倉北区｜和食

観山荘別館

カンザンソウベッカン

月替わりの懐石コース『季節の懐石』7,000円（写真左）、長寿のお祝いにぴったりな『お祝いプラン』7,500円。記念写真などのサービス付き（写真右）

料亭で過ごす特別な時間

子どものお食い初めや初節句、結納、婚礼、長寿のお祝いなど、人生の大切な節目での会食はここで、と選ばれることが多い一軒。見事な枯山水庭園では桜やツツジ、枝垂れ梅などの花々が鮮やかに四季を彩り、訪れる人の目を楽しませてくれる。料理は、玄界灘の新鮮な魚介類など厳選した山海の幸をふんだんに使った懐石コース。毎月メニューが一新し、どれも旬の食材をふんだんに取り入れ移りゆく季節を感じさせる品々だ。冬のふぐや夏のオコゼを楽しみに毎年訪れるファンも多い。また、伝統的な数寄屋造りの中で落語などの伝統芸能に親しんでほしいと、東京や大阪からプロの噺家を招いての「観山寄席」を年に3回開催。何度訪れても新鮮な気持ちにさせてくれる和の空間だ。

Lunch ※平日

- ❖ 花御膳 2,300円
- ❖ 寿司御膳 2,500円
- ❖ 御造里御膳 2,500円
- ❖ 天婦羅御膳 1,800円
- ❖ 季節の懐石コース 4,000円～

Dinner

- ❖ 季節の懐石コース

5,000円、7,000円、10,000円、15,000円

株式会社観山　代表取締役社長

川畑　康太郎 さん

料亭ならではの優雅な雰囲気の中、ゆったりとお過ごしください。

❶『河豚鶴盛り』18,000円。身のしまりが良い上質なとらふぐを贅沢に。ふぐコースは10,000円～　❷『花会席』3,300円　❸伝統的な数寄屋造りのお部屋。イス席も用意され、庭園を眺めながらゆったりとした時間を過ごすことができる　❹風格のある門構え　❺桜の季節の庭園は格別の美しさ

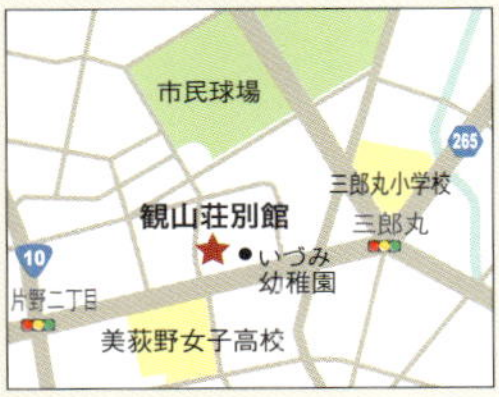

住 北九州市小倉北区三郎丸3-10-41
電 093-941-2151
営 11:30～15:30(OS13:30)、17:30～21:30(OS19:30)
休 なし
席 300席、個室14部屋
払 カードOK
駐 25台
交 モノレール片野駅より10分、西鉄バス停片野より5分

ランチの平均予算
約4,000円

ディナーの平均予算
約10,000円

|小倉北区|イタリア料理|

小倉 匠のパスタ ラ・パペリーナ

コクラ　タクミノパスタ　ラ・パペリーナ

『生ウニのスパゲッティ』1,980円。こればかりを食べに通う常連もいるという

ここでしか出合えないどこにもないイタリア料理を

小倉城を眼前に臨む紫川沿いにある、1970年創業のイタリアンレストラン。オーナーシェフの大野さんは、ローマやトリノ、ミラノなどで合計3年間のイタリア修行をするなかで様々な地域の郷土料理を身に着けた。『生ウニのスパゲッティ』や『イワシのパレルモ風』など長年の人気メニューも多いが、現在は店を構える北九州周辺地域の魅力を掘り起こし、それを料理へと反映している。なかでもタンポポやカタバミ、チドメグサなど上毛町で摘まれた無農薬の野草は和のハーブとしてイタリンとも相性がいい。健康と美味しさを考え、マクロビや和食、四川料理の技を取り入れることもあるという。培われた技術に料理のトレンドを取り入れながら進化し続けている老舗だ。

Lunch & Dinner

- ❖ 黒毛和牛熟成肉のローマ風
  シチュースパゲッティ　1,850円
- ❖ イワシのパレルモ風
  スパゲッティ　1,800円
- ❖ みやこ町犀川産
  チンギャーレ（猪）のパテ　620円

Drink

- ❖ カンパリ　500円
- ❖ グラスワイン　500円～

オーナーシェフ
大野 憲治 さん

美味しいだけでなく、体が喜ぶ料理を目指しています。季節の食材の生命力を感じてください。鯉料理も好評です。

❶川沿いを吹き抜ける風が心地よい
❷大きな窓から明るい光が差し込む店内
❸毎日市場で仕入れる旬の食材を使用した『本日の前菜七種』1,500円。二人前。『最初の一杯スパークリングワイン』500円。2杯目からは1,000円　❹『桃のオーブン焼き、アマレットを詰めて』
❺『どこにもないサラダ』980円。築上郡上毛町（野草の里）から届く野草やベビーリーフやレタスなど無農薬・有機栽培の8種類の野菜とピーカンナッツ、クルミ、アーモンドがはいったシェフ自慢の一皿

住 北九州市小倉北区船場町12-3小倉紫江‘sII2階
電 093-522-0688
営 11:00～15:00、17:00～22:00（OS20:30）
休 火曜日
席 47席
払 カードOK
駐 提携駐車場あり（2,000円以上で2時間無料）
交 西鉄バス魚町より徒歩1分

ランチの平均予算
約2,500円

ディナーの平均予算
約5,000円

小倉北区 | 和食・創作料理

湖月堂《コゲツドウ》　喫茶去《キッサコ》

会席のコース『季節のお料理』は3,500円～。写真は5,500円のもの

和菓子の老舗が手掛ける上質な食事

明治28年創業の和菓子店「湖月堂」。『栗饅頭』や『ぎおん太鼓』などの銘菓がお馴染みだが、小倉の繁華街・魚町にある本店にはレストランが併設されていることをご存じだろうか。店内へ足を踏み入れると、美術館の様に絵画や彫刻、陶磁器などが展示された落ち着いた空間が広がっている。3階には大広間と個室があり、和菓子店が手掛ける甘味の他、旦過市場や青果市場から仕入れた上質な素材のみを使用した季節の会席や和膳などが楽しめると、会社の歓送迎会や同窓会、法事などでも利用されている。通し営業で昼と夜のメニューを分けていないため、遅めのランチや早目の夕食などにも利用可能だ。都会の喧騒からしばし逃れ、美術鑑賞と共に食事を楽しもう。

Lunch & Dinner

- ❖ 玄海天刺し膳　1,380円
- ❖ 湖月弁当　2,280円
- ❖ 栗ぜんざい　860円
- ❖ あんみつ　800円

Drink

- ❖ 生ビール　400円
- ❖ 冷酒　700円

ホール主任
秋野 浩樹 さん

私は30年程務めていますが、毎日ご利用になる方や子どもの頃から通っていらっしゃる方も多数おられます。町と共に愛され続ける店でありたいですね。

❶『湖月弁当』。セットになった『湖月蒸し』(写真内右下)。下はほうれん草のムース、上は茶碗蒸しの2層になっている。具材は魚介や野菜、銀杏、湯葉など季節で変わる　❷自家製餡子を使用した『白玉ぜんざい』760円　❸かき氷は昔ながらの『氷ぜんざい』760円や『宇治金時』800円をはじめ、ふわふわの氷が特徴的な新作も登場している　❹『きなこもちのかき氷』870円　❺野菜たっぷりのチキン南蛮など洋食も揃っている　❻❼落ち着いた店内でゆったりと過ごしたい

- 住 北九州市小倉北区魚町1-3-11
- 電 093-521-0753
- 営 11:00～21:00
- 休 なし
- 席 300席(個室あり)
- 払 カードOK
- 駐 なし
- 交 JR小倉駅より徒歩4分

ランチの平均予算
約1,200円

会席の平均予算
約4,500円

｜小倉北区｜フランス料理｜

フランス料理　Bonne Femme

フランスリョウリ　ボンファム

『フランス産仔鴨のロティと合馬のキクラゲ ハーブ仕立て』

親子で紡ぎだす小倉の正統派フレンチ

親子2代で営む老舗フランス料理店「ボンファム」。一皿一皿、日本の四季を意識しながら作り上げ、地元客のみならず数々の食通たちを惹きつけてきた。常に上質な食材を探し求め、北九州市内の野菜や下関で水揚げされた日本海のノドグロ、藍島のウニなど近隣地域の食材を使用するだけでなく、新潟産の枝豆やラトビア産のホワイトキャビアなど上質な食材を国内外から取り寄せる。「大切なハレの日にお越しいただくことが多いですね」とオーナーシェフの岩田さんが話すように、ちょっとおしゃれをして特別な人と利用したい場所だ。すぐ隣には少しカジュアルな雰囲気で気楽にフレンチとイタリアンを楽しめる姉妹店「ペリゴール」があり、シーンに合わせて利用したい。

Lunch

- ❖ Aランチ　2,500円
- ❖ Bランチ　3,800円

Dinner

- ❖ ボンファムコース　6,000円～

Drink

- ❖ グラスワイン
赤 830円、白 700円

店主　岩田 信示 さん
2代目　岩田 裕司 さん

これからもボンファムらしさを大切にしてまいります。2 代目の息子夫婦共々よろしくお願いいたします。

❶フォワグラ入りのパテ　❷『焼き茄子とノドグロのムニエル』　❸『鮮魚のカルパッチョ』　❹『フォアグラのソテー 初産み卵のポーチドエッグと新潟産枝豆添え』　❺誕生日プレート。誕生日の客がいる時にはオーナーシェフ・岩田さんオリジナルの歌詞をつけたバースデーソングで特別な日を演出してくれる　❻クラシックで落ち着いた雰囲気の店内

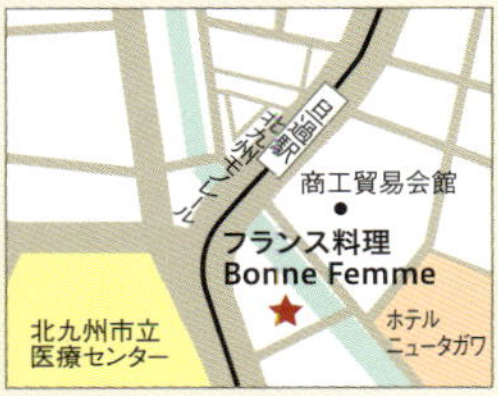

住 北九州市小倉北区馬借3-1-7
電 093-522-1391
営 12:00～14:00(OS)、18:00～21:30(OS)
休 月曜日
席 24席
払 ディナーのみカードOK
駐 なし
交 北九州モノレール旦過駅より徒歩3分

ランチの平均予算
約4,000円

ディナーの平均予算
約12,000円

| 若松区 | 創作料理 |

丸に十の字のレストラン TSUNEO

マルニジュノジノレストラン　ツネオ

提供するのはフレンチやイタリアン、和食を組み合わせた創作料理。おいしさはもちろん、新しい食材や調理法にも積極的に挑戦し、見た目にも味にもサプライズがあるものを目指している。5,000円のコースの一例。写真は『黒毛和牛のステーキ（A5ランクの薩摩黒牛）』

夜景と共に思い出に残るひとときを

鹿児島・島津家の家紋として知られる「丸に十字」。オーナー・山崎浩利さんの父親が鹿児島出身だったことから、自らのルーツを忘れないようにと店名にした。30年近く結婚式場で働いていた山崎さんは、数々のカップルのハレの日を手掛けてきた経験から、記念日やプロポーズなどの特別な演出を得意としている。「庭に花火を仕掛けてのサプライズも可能です。食事を楽しんでいただくだけでなく、遠方から訪れる方には駅まで送迎するなど、きめ細かいサービスを心がけています」と山崎さん。高台に建つため、窓からは洞海湾が一望でき、工業地帯のダイナミックな夜景も美しい。普段使いでも、特別な食事としても、ゆったりと時間を忘れて過ごしたい。

Lunch

❖ ランチコース　2,000円～

Dinner

❖ ディナーコース　3,500円～

会長
山崎 浩利 さん

サプライズのアイデアについてもご相談ください。プロポーズの成功率は100%です。

❶『モッツァレラブラータ　オリーブオイルと岩塩いちごとマーマレード』　❷夜景の美しさは格別。特別な日に利用したい　❸『アワビの炙りと海老のグラタン』。華やかでお祝いにもぴったりな一皿　❹一口サイズがかわいらしい『旬食材の三点寿司』　❺『キノコと玉ねぎのスープパイ包み焼』。サクサクのパイをスープに浸して食べる　❻『前菜（ザクロのヨーグルト・自家製クリームチーズ・フルーツカクテル・馬刺し・トマトのポテト詰め）』　❼オープン当初からの人気メニュー『チョコドーム』。チョコレートでできたドームにホワイトチョコとコーヒーでできた暖かいソースをかけると、中から旬のフルーツなどが出てくる

住 北九州市若松区古前2-5-17
電 093-863-9556
営 11:30～14:30、18:00～21:00
休 月曜日
席 40席
払 カードNG
駐 10台
交 JR若松駅より徒歩15分

ランチの平均予算
約2,500円

ディナーの平均予算
約5,000円

｜小倉北区｜フレンチ・イタリアン｜

旬菜料理 TOMI's DINER

シュンサイリョウリ　トミズダイナー

『前菜』シーフードのタプナードソース、ヒラスのタルタル、エビとホタテの包み揚げ。ナンプラーが香るヒラスのタルタルはオープン当初から人気の一品

美しい青の世界で楽しむひたむきな一品

高台にある閑静な住宅地。階段で2階のフロアに上ると、まず目に飛び込んでくるのは、窓一面に広がるブルーの空と美しい関門海峡だ。一日700隻ほどの船が通り、眺めているだけでも心が癒されるよう。夜は夜景が美しく、昼とは違った表情を見せる。オーナーシェフの永富さんは、2006年に現在の場所にレストランをオープン。ホテルなどで培ったフレンチの技術にエスニックの風味を加え、独自の世界観を作り出している。一品ずつに技巧を凝らした永富さんの料理は他では食べられないと、長年通う常連客も多い。メニューはアラカルトの用意もあるが、おすすめコースを基本としている。オリジナリティ溢れる料理を絶景のなか楽しみたい。

❻

❶

❹

②

❺

❸

❶『和牛ランプステーキ』　❷2,500円のランチコース。『枝豆のムース』チーズのカリカリ焼き、枝豆、オリーブオイル、生ハム　❸パンにはガーリックバターとオリーブオイルとクミンやコリアンダー、ごま、ヘーゼルナッツがブレンドされたエジプトのスパイス・デュカをお好みで　❹『ナゴヤフグのオレンジソース』　❺晴れた日の景色には、誰もが歓声を上げる　❻『ビシソワーズ』

Lunch

- ❖ パスタランチ　1,800円
- ❖ おすすめコース　2,500円

Dinner

- ❖ おすすめコース　4,500円
- ❖ パスタ単品　800円～

オーナー
永冨 清巳 さん

一人で店を営んでいるため、なるべく予約をお願いしております。また、駐車場の台数に限りがあるのでお電話でご確認ください。

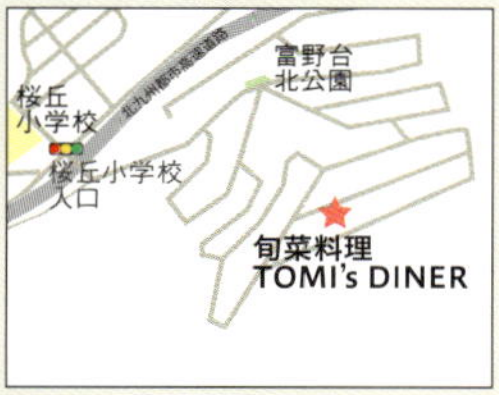

- 住 北九州市小倉北区富野台8-13
- 電 093-383-6701
- 営 11:30～14:00(OS)、17:30～20:00(OS)
- 休 火曜日、第1日曜日
- 席 16席
- 払 カードNG
- 駐 3台
- 交 西鉄バス富野小学校前より徒歩20分

ランチの平均予算
約2,500円

ディナーの平均予算
約4,000円

| 小倉北区 | フランス料理 |

nala

ナラ

ランチ（1,620円）のメイン料理『おいも豚と若松トマトの薪焼き』。宮崎産のおいも豚は定番の食材。薪でいぶしながらじっくりと焼いている

世界中の知識で作る、ここだけの一皿

到津の森公園の近くに建つ一軒のレストラン。オーナーシェフの松井さんはスイスのホテルなどヨーロッパのレストランや専門店で修行した経験を持ち、その後も年に一度はヨーロッパや東南アジアなどに勉強のために出かけるほど研究熱心。シャルキュトリーやチーズも専門店で学んだ技法で手作りするなど、各地で身に着けた技法が料理に活きている。また、食材は信頼できる農家から直接送ってもらったり妻・登紀江さんと共に毎朝市場で仕入れるほか、休日に猟師や農家と直接会って探すことも多い。メニューはその時に手に入ったもので組み立てるため、常連客からは「何度訪れても同じ料理が出てきたことがない」と言われるほどバラエティ豊かだ。

Lunch

❖ ランチコース
1,620円、3,780円

Dinner

❖ ディナーコース
3,780円、5,940円、8,100円

オーナーシェフ
松井 康 さん

おかげさまで2018年6月に10周年を迎えることができました。

❶ワインの種類も豊富。その日の料理に合うものは気軽に尋ねてみよう　❷温かみのある店内。冬には暖炉も活躍する　❸❹『自家製チーズと無農薬のズッキーニ、ルッコラのお花』、『あんずのガスパチョとアジのマリネ』ディナーコースの前菜一例　❺フランスの田舎町にある一軒家のような外観。石積みの壁と蔦が特徴的

住 北九州市小倉北区上到津4-15-3
電 093-651-1315
営 12:00〜13:30(OS)、18:00〜21:00(OS)
休 水曜日
席 20席
払 カードNG
駐 3台
交 西鉄バスいとうづの森より徒歩5分

ランチの平均予算
約2,000円

ディナーの平均予算
約6,000円

｜八幡東区｜蕎麦・うどん｜

そば処《ソバドココ》　一徳《イットク》

『生醤油うどん』700円。手捏ねと足でコシを出したうどんをシンプルに醤油と大根おろしで。レモンをかけてさっぱりと食べる

手打ちにこだわる本格蕎麦・うどん

八幡の人気蕎麦うどん店。店主の大山さんはうどんの本場・四国で3年間修行をした後、蕎麦も一流のものを出したいと福岡の老舗に2年半入り、江戸前蕎麦の手ほどきを受けた。その後北九州に戻り店を構えて19年。現在では蕎麦・うどんだけでなく、食事も楽しめる店として、近隣の住人はもちろん、広い地域から客が訪れる人気店となった。蕎麦とうどんの出汁は調理法に合わせて9種類を用意。メニューには出汁やそば粉、具材の一部を使用した一品料理が並び、ゆっくりとお酒と共に楽しんだ後に締めとして麺を食べるのが常連のお決まりだ。大山さんの遊び心が詰まったメニューは不定期で約2ヵ月毎に更新され、新しい創作メニューが続々と登場している。

Lunch

❖ ランチセット　1,100円
❖ 鴨南蛮セット　1,600円

Dinner

❖ おまかせコースA　3,980円
❖ おまかせコースB　4,980円
❖ 蕎麦屋のエビマヨ　1,200円
❖ そば粉のニラチヂミ　500円
❖ ガレット
（ササミ・サラダ）　800円
（ベーコン・チーズ・温玉）　950円

オーナー
大山 一成 さん

さっと麺類だけ食べる、ゆっくりと家族の晩ご飯としてなど、様々な使い方でお使いください。

❶気軽に過ごせるテーブル席　❷小上がりの個室もある　❸『南蛮そば』850円。ふりかけられた山椒の香りが食欲を誘う　❹黒毛和牛のロースを使用した夜の『黒ひつまぶし 竹』4,500円。肉の脂が溶けた甘めのタレがご飯と絡み合う絶妙な美味しさ　❺スピナラソリエ高見店のすぐそば　※すべて税別表記

住 北九州市八幡東区高見2-7-4
電 093-653-1109
営 11:30～15:00（OS14:30）、17:00～22:00（OS21:00）
休 水曜日
席 36席、個室3室
払 カードNG
駐 10台
交 西鉄バス荒生田バス停より徒歩2分

ランチの平均予算
約1,000円

ディナーの平均予算
約1,500円

小倉北区｜カレー｜

カレーの店 いーとん

カレーノミセ　イートン

『いーとんスペシャルビーフカレー』1,450円。大きな具がゴロゴロと入っているのが嬉しい

しみじみ味わう老舗の和製カレー

創業から40余年のカレー専門店。店舗の周辺には食欲を刺激するスパイスの香りが漂い、自然と足が入り口に向かってしまうよう。移転をしているが、オープン当初から女性が一人でも入りやすいようにと明るく清潔感のある店構えを心掛けており、現在はまるでカフェレストランのようなオープンな雰囲気。カレーはルーの隠し味に和風出汁を採用しているからか、意外なほどあっさりと食べられる。

カレーの種類は常時20以上。子どもから大人までが食べられる優しい味わいは飽きが来ないと、ひと月に何度も通う常連客も。また、サラダに使用されている手作りの「りんごドレッシング」は後味をすっきりと整えてくれ、こちらもファンが多い。

Lunch & Dinner

- ❖ えびとあさりの
  クリームオムレツカレー　930円
- ❖ かにとマッシュルームの
  クリームオムレツカレー　980円
- ❖ いーとん
  スペシャルビーフカレー　1,450円
- ❖ とんかつカレー　1,080円

★ランチタイム
サラダセット（カレー代金＋150円）
サラダ・ドリンクセット
（カレー代金＋300円）

Drink

- ❖ グラスワイン　500円～
- ❖ エビスビール　500円　他

オーナー
朝倉 健一郎 さん

ルーはお持ち帰りいただけます。ご自宅でも当店の味をお楽しみください。

❶『いーとんスパイシーチキンカレー』1,200円　❷『こだわりのチーズオムレツカレー』900円　❸大きな窓からの光で明るい店内。お昼時には行列もできる　❹外観もかわいらしい。因みに、店名の「いーとん」はオーディオメーカーの名前から付けたそう

住 北九州市小倉北区木町1-5-12
電 093-591-3656
営 11:00～21:00（OS20:30）
休 水曜日
席 25席
払 カードNG
駐 12台
交 西鉄バス木町より徒歩1分

ランチの平均予算
約1,000円

ディナーの平均予算
約1,500円

|小倉北区|フランス料理|

フランス料理 サンテミリオン《フランスリョウリ　サンテミリオン》

『キジとキヌガサタケのコンソメ仕立て』。毎年ジビエの季節を狙って訪れる常連もいるほどの人気コースの一品。キノコの女王といわれる中華食材・キヌガサタケを使用

次々と新しい世界を創造するフレンチ

東京のフレンチレストランで基礎の技術を身に着け、その後、フランス各地で6年間の修行を行ったオーナーシェフの渡邉さん。特に自身の料理に影響を与えた町が、店名でもある「サンテミリオン」だ。ワイナリーに併設されたホテルのレストランで2年間働き、心に響く料理のためには手間を惜しんではいけないという心構えやチャレンジをする楽しさなどを学んだという。そうして、しっかりと時間をかけて基本の技法を守るとともに、時には和の出汁や中華の食材を取り入れる現在のスタイルを確立した。有田焼を中心とした器をはじめ、バカラや切子、ヴェネチアンといったグラスにも気を配る。基礎があってこそのチャレンジだとその料理が語っている。

Dinner

- 『お祝いのコース』
  7,020円～16,200円
- 『活オマール海老のコース』
  12,960円
- 『ジビエ料理のコース』
  10,800円～(秋冬限定、要予約)

Drink

- グラスワイン　800円～
- ボトルワイン　4,000円～
- ハウスカクテル　1,000円

オーナーシェフ
渡邉 伊一郎 さん

2007年のオープン以来、沢山のお客様やスタッフとの出会いに感謝しております。九州の恵みを感じつつ「温故知新」を念頭に、一つでもお客様の記憶に残る料理を探求し続ける職人でありたいと思います。

❶洗練された雰囲気の店内❷店内には生花が飾られ、特別な空間を作り出している　❸『シストロン産仔羊２種の調理法で』ローストとパテで希少価値の高い最高級フランス産仔羊を楽しむ　❹人気のオマール海老のコースから『活オマール海老のロースト』　❺食前酒とミニ花束、写真のプレゼントが付いたサプライズなコース『お祝いコース』のケーキ。提供する直前にミルフィーユを完成させる

住 北九州市小倉北区堺町2-3-33
電 093-541-7089
営 17:30～24:00(OS21:30)
休 日曜日
席 36席、個室1室
払 カードOK
駐 なし
交 西鉄バス砂津より徒歩10分

ディナーの平均予算
約10,000円

|小倉北区|洋食|

Live & Grill beyond《ライブ　アンド　グリル　ビヨンド》

『薪焼き　シャトーブリアン（A5 牛ヒレ肉）』100g　4,900 円、200g　9,800 円

生演奏がこころに響く小倉の夜

ＪＲ小倉駅からほど近いビルの8階。音楽と共に薪焼きのヒレ肉やTボーンステーキを楽しむことができるライブハウスがある。ステージでは様々なゲストを迎えてジャズやクラシック、シャンソンなどの生演奏が夜毎繰り広げられており、音楽に誘われてふらりと立ち寄る客の姿も多い。水曜日から土曜日には夜の2ステージ、日曜日には15時からのアフタヌーンライブがあり、内容は随時ＷＥＢサイトで更新中。音楽だけでなく食事も上質なものを提供したいと、選りすぐりのアメリカ産高級ヒレ肉をはじめ、平尾台や若松の農家が無農薬栽培している野菜や、近海で獲れた魚介にこだわっている。春から秋にかけては風が吹き抜けるオープンエアのテラス席も心地よい。

Lunch

- ❖ ジューシーハンバーグ
  &ヒレステーキ　1,400円
- ❖ ヒレステーキボウル　1,400円
- ❖ プライムヒレステーキランチ
  1,900円

Dinner

- ❖ プレミアムヒレステーキ
  200gコース　7,800円
- ❖ Tボーン1kgコース　8,800円
  （1人前／ペアでの注文）
- ❖ 深入りマンデリン
  コーヒーゼリー　500円

マネージャー
藤原 信行 さん

日頃ライブハウスに行かない方にこそ生の演奏を楽しんでほしいので、入場制限は行っていません。お誕生日や記念日にはお祝いの演奏もリクエスト可能です。

❶『薪焼き　Tボーンステーキ1Kg』10,584円～　❷『薪焼き 玄海産海の幸グリル』玄海産の白身魚を使った魚介のグリル2,500円　❸『ヒレステーキカレー』1,300円。長時間じっくり煮込んだカレーにヒレステーキをトッピング　❹『オイルサーディン　ビヨンド』　❺テラス席も心地良い　❻広々とした空間。抜群の音響設備でどの席でも演奏を楽しむことができる

住 北九州市小倉北区京町2-4-27 KDビル8F
電 093-967-6223
営 11:30～15:00（OS14:00）、18:00～23:00（OS22:00）
休 火曜日
席 86席、個室10席
払 ディナーのみカードOK
駐 なし
交 JR小倉駅より徒歩1分

ランチの平均予算
約2,000円

ディナーの平均予算
約8,000円

| 小倉北区 | フランス料理 |

ルポンドフェール

ルポンドフェール

『日替わりランチ』メインのみ（平日）972円（土日祝）1,339円。この日のメインは『サーモンのポワレ　アンチョビバターソース』

まるでパリの街角のようなテラスカフェ

紫川にかかる「鉄の橋」を渡ってすぐの場所にあるブラッスリー「ルポンドフェール」。パリの街角で見かけるようなカフェを北九州に作ろうと、馬借の人気店「ビストロいしだ」のオーナーシェフ・石田さんが勝山公園のリニューアルと同時に開店させた。メニューは『ガレット』や『キッシュロレーヌ』などフランスで人気があるものがメイン。ソムリエの資格も持つ石田さんおすすめのワインと合わせれば、優雅な昼下がりになるだろう。気候が良い日には公園を眺めるテラス席がおすすめ。車道から少し低い位置にあるため、周囲の目線はあまり気にならない。カフェにも昼飲みにも利用できるうえ、パンとケーキは店内で楽しんでも、テイクアウトのみの利用も可能だ。

❶『ガレット』ハム・卵・チーズ／ツナ・卵・チーズ各745円　❷『サラダリヨネーズ』626円。たっぷり野菜にポーチドエッグとベーコン、クルトンが乗ったリヨンの名物料理　❸パリの街角のような外観　❹パンは選んだものを店内で食べることもできる　❺ヨーロッパの風情が感じられる店内。滞在経験がある人は懐かしく感じるのだとか　❻日替わりランチの前菜。この日は『カツオのマリネ バジル風味』　❼分厚くボリューミーなステーキを豪快に。『ステーキフリット（バゲット付き）』180g 1,706円、250g 2,332円

Lunch

- ❖ 日替わりランチ
（メインのみ）
平日972円、土日祝1,339円
（前菜＋メイン）
平日1,274円、土日祝1,706円
（メイン＋デザート）
平日1,274円、土日祝1,706円
（前菜＋メイン＋デザート）
平日1,576円、土日祝2,073円
- ❖ ランチコース　2,000円〜

Drink

- ❖ グラスシャンパン　1,000円
- ❖ グラスワイン　600円
- ❖ エスプレッソ　260円
- ❖ カフェ　320円
- ❖ アイスコーヒー　360円

オーナー
石田 和生 さん
ディナーには姉妹店「ビストロいしだ」もよろしくお願いします。

住 北九州市小倉北区大手町3-1土居ビル1F
電 093-592-7776
営 11:30〜17:00
休 なし
席 30席
払 カードOK
駐 なし
交 北九州モノレール旦過駅から徒歩7分

ランチの平均予算
約2,000円

|門司区|和洋食|

和洋レストラン《ワヨウレストラン》　三井倶楽部《ミツイクラブ》

『お刺身セット』1,890円

大正ロマンを感じる和洋折衷建築で海峡の味を堪能

旧三井物産門司支店の社交倶楽部として1921（大正10）年に建てられた「旧門司三井倶楽部」。建物内は国内外の要人たちが集っていた全盛期の様子が再現されており、かつて世界的な物理学者・アインシュタインが宿泊した部屋も復元し保存されている。こうした建物や設えだけでも見応えがあるが、見学と共に1階のレストランで歴史を感じながら食事をしたい。料理は地元の人気割烹料理店が手掛けており、メニューには関門海峡のふく料理や焼きカレーなど門司港ならではのものが並ぶ。なかでもふくは、刺身だけでなくステーキや丼、ピラフなど様々な料理にアレンジされているのがおもしろい。産地ならではの美味しい発見だ。和室もあるため幅広く利用できる。

Lunch
- ❖ 洋風ランチ　1,350円
- ❖ ハヤシライス　1,350円

Dinner
- ❖ 会席
  4,210円、5,290円、6,370円

※写真は館内・アインシュタインメモリアルルーム

オーナー
塚本 照信 さん

歴史を感じるレトロな建物で当店自慢の料理をお楽しみください。窓から見える門司港レトロの街並みも自慢です。

❶建物はハーフティンバー様式が採用された木造2階建て　❷『とらふく刺しとミニ会席』3,880円。ふくのうま味を閉じ込めながら焼いた『ふくステーキ』1,590円　❸『海鮮焼きカレー』1,200円（スープ・サラダ付）。70時間かけて作ったカレールーに海鮮の風味が加わり味わい豊か　❹格調高い店内で優雅に味わう

- 住 北九州市門司区港町7-1
- 電 093-332-1000
- 営 11:00～14:00、17:00～21:00
- 休 不定休
- 席 136席、座敷20席
- 払 カードNG
- 駐 大型2台
- 交 JR門司港駅より徒歩3分

ランチの平均予算
約1,500円

ディナーの平均予算
約3,000円

｜小倉北区｜中国料理｜

中国料理　耕治

チュウゴクリョウリ　コウジ

鹿児島県産の黒豚を使用した『黒豚の角煮（産地証明書付き黒豚使用）』3,500円

歴史ある町並みに佇む老舗中華

昭和30（1955）年創業の「耕治」。戦後の小倉の食文化を育んだ鳥町食道街に店を構え60年以上を数える老舗中華料理店だ。こちらの代表メニューは、九州では珍しい醤油ラーメン。鶏がらをベースに醤油でまろやかさを出した透明感のあるスープは、あっさりとしているので多くの人が飲み干してしまうという。メニューにはオーソドックスな中華料理が並び、小倉出身の作家・松本清張氏も好んで食べたという「ふかひれラーメン」付きのコースもおすすめ。長年勤めているスタッフも多く、総料理長は40年以上に亘り、昔ながらの味わいを守り続けている。

1階のカウンター席でさっとラーメンだけでも、2階、3階の個室や広間でゆっくり過ごすも楽しみ方は自由だ。

Lunch

- ❖ ラーメン　800円
- ❖ ラーメンセット　1,700円
- ❖ おすすめランチセット　1,500円

Dinner

- ❖ ふかひれラーメン
特選ご予約コース　4,500円～

総料理長
角井 賢治郎 さん

ご家庭でも味わっていただけるよう、オンラインショップも営業中です。贈り物にもおすすめですよ。

❶『海老やきめし』1,680円。醤油スープ付き　❷ツルツルとした食感が特徴的な『ツバメの巣のスープ』4,300円　❸1階のカウンター席。落ち着いた照明なので、一人での利用にも居心地がいい　❹2階は畳の座敷、3階には円卓の個室がある　❺歴史を感じる階段。こだわりが見える設えにも注目したい

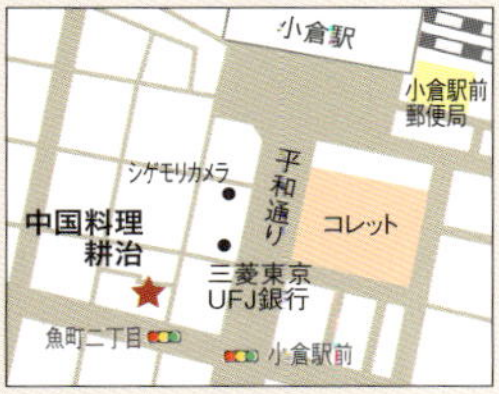

住 北九州市小倉北区魚町1-4-5鳥町食堂街内
電 093-551-2849
営 11:00～21:30（OS21:00）
休 なし
席 1階15席、2階36席、3階24席、個室6席
払 カードOK
駐 なし
交 JR小倉駅より徒歩5分

ランチの平均予算
約1,500円

ディナーの平均予算
約4,000円

｜戸畑区｜和食｜

四季鮮彩《シキセンサイ》 柚香《ユウコウ》

彩り鮮やかな『鮮彩御膳』1,800円

気取りすぎない上質な和食

ＪＲ戸畑駅から歩いてすぐの県道沿いにある和食店。店主の宮崎さんは、料理に定評がある市内のホテルで腕を磨いた。3年前に以前の店舗から現在の場所へ移転したが、移転後も宮崎さんの味を求めて通う客も多い。宮崎さんは地域の人々の味覚を敏感に感じ取りながら自在に味わいを変化させ、安心して食べることができると通う常連も多い。時季の食材を使用するのはもちろん、その日の献立は仕入れ次第で当日決まる。コース料理の他、単品が60種類以上揃っており内容はバリエーション豊か。北九州や福岡をはじめとする全国の日本酒や焼酎などアルコールの取り扱いも幅広く、客に合わせて柔軟に対応したいという宮崎さんの姿勢が表れている。

Lunch

- ❖ 御膳　1,300円～
- ❖ コース　2,000円～

Dinner

- ❖ コース　3,500円～
- ❖ すっぽんコース　7,000円～
- ❖ ふぐコース　6,500円～
- ❖ 会席料理　6,500円～
- ❖ 各種単品　450円～

店主
宮﨑 直 さん

既製品は使わず手作りで一から作っております。手仕事のうまさを感じていただければと思います。

❶職人が見た目にも美しい料理を一つ一つ手仕事で作り上げていく。苦手だった食材がこちらで食べられるようになったという客も　❷3,500円の会席の一例。写真左の『鱧の琥珀寄せ』は、ハモの真子と浮き袋を使用した煮こごり　❸大人数での宴会に選ばれることも多い　❹大事な食事には個室も選びたい　❺気軽に利用できるカウンター席もある

- 住 北九州市戸畑区中本町8-25
- 電 093-883-1040
- 営 11:30～13:30（OS）、17:30～22:30（OS）
- 休 不定休
- 席 1階 20名、2階 40名
- 払 カードNG
- 駐 なし
- 交 JR戸畑駅より徒歩2分

ランチの平均予算
約2,000円

ディナーの平均予算
約6,000円

八幡西区 | 創作料理 | THE HOUSE OF LINDOMAR

ザ ハウス オブ リンドマール

コース料理の一例。彩り豊かな料理が食卓を飾る

特別な日には特別なレストランを

ハウスウェディングができるレストランとして誕生し17年。ウェディングだけでなく、プロポーズや歓送迎会、法事など様々なシーンで利用してほしいと、幅広い年齢層に対応できる豊富なメニューを用意。毎日メニューが変わるランチや季節ごとのセゾンコースなど、フレンチやイタリアンをベースとした創作料理から和食までを好みに合わせて選ぶことができる。食材は周辺地域の野菜などを積極的に使用。華やかながらも地域に密着した気取らない雰囲気で、大事な場面の食事はここでと決めている常連客も多い。また、繊細なデコレーションが女性に人気のデザートは、年に3回開催されるランチタイムのデザートビュッフェでも楽しむことができる。

Lunch

- ❖ LINDOMARランチ　1,900円
- ❖ LINDOMARコース　2,600円
- ❖ LINDOMAR和会席　2,600円
- ❖ SAISONランチ　3,900円

Dinner

- ❖ SAISONコース　3,900円
- ❖ SPECIAL コース　5,400円
- ❖ PREMIAMコース　8,000円

支配人・料理長
満永 恵太 さん

私が講師を務めるフランス料理教室や市内の小中学校での食育などにも力を入れています。

❶春のSAISONコース例　❷少しずついろいろ食べたいというリクエストに応えた一皿　❸仔羊も色鮮やかなリンドマール風　❹パティシエが腕によりをかけた創作スイーツ　❺オマール海老にも野菜のドレスを着せて　❻華やかな婚礼料理の一例

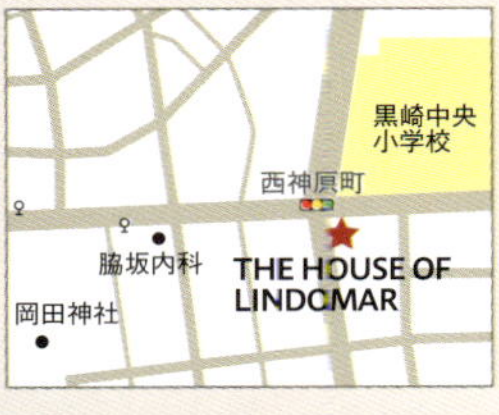

住 北九州市八幡西区東神原町2-2-3
電 093-642-3659
営 11:00～14:30（OS14:00）、17:30～21:30（OS20:30）
休 水曜日
席 60席
払 カードOK
駐 提携駐車場あり
交 JR黒崎駅より徒歩8分

ランチの平均予算
約2,000円

ディナーの平均予算
約5,000円

｜八幡西区｜和食｜

魚料理　はつしろ黒崎店

サカナリョウリ　ハツシロクロサキテン

『天然ふく会席』10,000円～

漁港直送の新鮮な魚介を心ゆくまで

遠賀郡岡垣町に店を構える海辺の料理旅館「はつしろ」の黒崎店。生け簀には常時20種以上の魚が泳ぎ、注文が入る度に熟練の職人が素材に合わせた調理法で美しく仕上げていく。なかでも専属漁師が一本釣りし直送されるイカは、こちらの名物。活造りをはじめ、天ぷらやシュウマイ、丼など様々な調理法で新鮮なイカを堪能できる。また、毎年冬には鐘崎港から直接仕入れた天然のとらふぐを心待ちにしている常連客も多い。薄造りのほか、唐揚げやふぐちり、雑炊までふぐのうま味を存分に味わうことができる期間限定の『ふく会席』がおすすめだ。また、祝いの席では、箸袋への印字サービスや垂れ幕を用意してくれるなど、宴会を企画する人にも心強い。

Lunch

❖ 昼の膳　1,300円

Lunch & Dinner

❖ ミニ会席　2,160円
❖ 活いか御膳　2,850円
❖ 宴会コース
4,320円、5,400円、8,640円

料理長
永峯 誠 さん

はつしろ自慢の新鮮な魚介を
お楽しみください。

❶1階のレストラン席では、お得な定食などを楽しむことができる『昼の膳』1,300円
❷『烏賊づくし会席』5,500円　❸春にはおこぜが登場し、おこぜ尽くしの会席も用意
❹風格のある佇まいの外観　❺店内は4階建てで利用シーンに合わせて様々な部屋が用意されている

住 北九州市八幡西区熊手2-4-20
電 093-621-1133
営 11:30～14:00、17:00～22:30(OS21:30)
休 第2・第4月曜日、年末年始
席 300席
払 カードOK
駐 なし
交 西鉄バス熊手四ツ角バス停より徒歩3分

ランチの平均予算
約4,000円

ディナーの平均予算
約6,500円

| 小倉北区 | 焼肉 |

焼肉の龍園 小倉本店

ヤキニクノリュウエン　コクラホンテン

72時間の短時間で凝縮させたうま味がかみしめるほどに溢れる『氷点下エイジング®熟成タン』2,268円

九州黒毛和牛・神戸牛と熟成肉の焼肉店

平成元年にオープンして以来、上質な焼肉が食べられると地元のファンのみならず、海外からも多くの客が訪れる人気焼肉専門店。九州産黒毛和牛はもちろん、とろけるような脂が特徴的な神戸牛や熟成肉も取り扱っている。なかでも独自に開発した熟成法「氷点下エイジング®」を施した熟成肉は、有名店の料理人たちをも唸らせ、卸で提供しているほど。また、タレやキムチ、ドレッシングなどもすべて手作り。アルコール類の種類も多く、100種類以上ある九州の焼酎や生マッコリがズラリと並ぶほか、尋ねればソムリエが肉の部位に合わせたワインを提案してくれる。〝味よし・店よし・心よし!〟というコンセプトの通り、心に残るもてなしが待っている。

❺

❶

❹

❷

Lunch

- ❖ 黒毛和牛焼肉定食　1,000円
- ❖ 龍園特製熟成肉丼　1,200円
- ❖ 龍園特製ハンバーグ定食　980円
- ❖ 龍園ランチ限定セット（2～3人前）6,480円

Dinner

- ❖ 熟成タン　2,268円
- ❖ 熟成ハラミ　2,592円
- ❖ コース　3,780円～

- ❖ ふわふわかき氷（イチゴ・マンゴー・ほうじ茶・抹茶）各583円

専務取締役
出口 太一 さん

姉妹店の西中洲店は2周年を迎えました。こちらでも厳選した和牛をご用意しております。是非ご利用ください。

❶『神戸牛四種盛り』10,778円　❷『氷点下熟成丼』1,200円　❸カウンター席もおすすめ　❹『焼肉花籠御膳 雅』2,500円。上タン塩や黒毛和牛上カルビ、本日の希少部位などおすすめの盛り合わせ　❺熟成庫の中で出番を待つ肉たち

❸

住 北九州市小倉北区鍛治町1-8-15
電 093-531-1129
営 月～金曜日11:30～13:30（OS）、17:00～24:00（OS）
土曜日12:00～24:00（OS）、日曜日12:00～21:30（OS）
休 年末年始
席 150席、個室19室
払 カードOK
駐 8台
交 JR小倉駅より徒歩5分

ランチの平均予算
約2,000円

ディナーの平均予算
約6,000円

|門司区|洋食|

Cafe de Brique

カフェドブリック

『エッグスパイシーカレーライス』900円。アツアツの鉄板で提供する

潮風のなか歴史を感じて過ごす

店を構えるのは、赤煉瓦プレイス内の大正2年に建てられた旧サッポロビール醸造棟。国の登録有形文化財に指定されている歴史を積み重ねてきた趣ある建物は、映画やドラマの撮影にも度々利用されている。関門海峡を行きかう船まで見える開放的なロケーションで、テラス席で潮風に吹かれながらお酒を楽しむといった使い方も可能だ。自家製のジンジャーシロップで作る『モスコミュール』や自家栽培のミントで作る夏限定の『モヒート』など、ドリンクは140種類以上。フードメニューも充実しているため、しっかりと食事をしたい時やドリンクだけでのんびりとしたい時など、多彩な楽しみ方ができる。時間の流れを忘れて過ごしたい場所だ。

Lunch

❖ 鉄板ハンバーグ　980円
❖ アサリ貝のボンゴレパスタ　850円

Dinner

❖ ローストビーフサラダ　1,080円
❖ コース　2,500円～
◎飲み放題　90分 1,500円

オーナー
津森 正博 さん

7月から9月は完全予約制でBBQセットもご用意しています。趣ある景色の中、にぎやかにお楽しみください。

❶遺構を利用しているため、壁や天井に古の趣きが残っている　❷店内奥の半個室　❸串焼き『牛フィレ肉と豚肉のブロセット』1,080円　❹『海鮮ブイヤベース』850円。魚介のうま味がたっぷりのスープ　❺大きな窓から明るい光が差し込む店内

住 北九州市門司区大里本町3-6-1赤煉瓦プレイス内
電 093-371-2600
営 11:30～14:00、18:00～22:30（OS）、バー22:30～26:00
休 月曜日（祝日の場合翌日）
席 店内40席、テラス20席
払 カードOK
駐 市営有料駐車場120台あり
交 JR門司駅北口より徒歩3分

ランチの平均予算
約1,000円

ディナーの平均予算
約4,000円

|戸畑区|洋食|

フレンチベース洋食屋　しん門

フレンチベースヨウショクヤ　シンモン

鹿児島産黒毛和牛を使用した『牛タンシチュー』3,024円。予約必須、売切れ御免の看板メニュー

半世紀以上に亘り愛され続ける懐かしい洋食

1966年創業の老舗洋食店。2017年に現在の場所へ移転し、2代目の門司将治さんが跡を継いだ。創業当初から継ぎ足しながら守ってきた秘伝のデミグラスソースや創業時のレシピで作るステーキソースなど、変わらない味を求めて3世代、4世代で通う常連も少なくない。10歳以下の子どもには『ベビーランチ』を用意するなど、家族全員で楽しめるようなもてなしが嬉しい。また、昔ながらの洋食に加えて、2名のパティシエが作る季節のケーキもおすすめ。人気の『ありガトーショコラ』は客から名前を募集して命名された贈り物にもぴったりのケーキだ。誕生日ケーキの注文やケーキのテイクアウトも可能。地元の人々に愛されながら、変わらない味を守り続けている。

❷

❶

Lunch & Dinner

- 洋食ランチ　1,296円
- フレンチオムライス　1,080円
- しん門ランチ　2,160円
- ハンバーグステーキ　1,242円

オーナーシェフ
門司 将治 さん

父から受け継いだ昔ながらの味をお楽しみください。気候がいい日には外のテラス席もおすすめです。

❸

❶夏の定番メニュー『トマトとピーチの冷製スープ』単品648円、ランチセットに＋378円で追加可能　❷『本日のケーキ』各518円　❸温かみのあるビストロ風の店内　❹シェフの門司さんはソムリエでもある。ワインについても気軽に尋ねよう

❹

住 北九州市戸畑区浅生2-8-5
電 093-871-6685
営 11:00～14:30(OS)、17:00～20:00(OS)
休 月曜日(祝日の場合は翌日)、不定休あり
席 35席
払 カードNG
駐 なし
交 JR戸畑駅より徒歩8分、西鉄バス浅生通り下車1分

ランチの平均予算
約1,500円

ディナーの平均予算
約4,000円

｜小倉北区｜イタリア料理｜

Ristorante Passo del mare《リストランテ　パッソ　デル　マーレ》

ランチの『プランゾ』2,100円。アンティパスト、ズッパ、パスタ or ピッツァ、選べるメインディッシュ、ドルチェのコース

海沿いの本格リストランテで自分へのご褒美を

北九州国際会議場の2階に店を構えるリストランテ「パッソデルマーレ」。オーシャンビューのロケーションとＪＲ小倉駅から徒歩ですぐという立地もあって、自分へのご褒美ランチや特別な日のディナー、ちょっとしたパーティーなど、様々なシーンで活躍している。コース料理はプリフィクスなので、それぞれが好きな組み合わせのものをチョイスしテーブル内でシェアしてもいい。人気のオマール海老や宮崎牛を使用した定番のコースもあるが、季節のメニューは2ヵ月毎に変化。その日の仕入れによって変化することも多く、獲れたての海の幸や野菜をたっぷりと楽しむことができる。食事と共に波の音と素敵なＢＧＭがさらに特別な気分を高めてくれるだろう。

Lunch

- ❖ プランゾ　2,100円
- ❖ プランゾ スペチャーレ　2,900円
- ❖ ラ・コマンダーレ　5,000円

Dinner

- ❖ プリフィクスコースディナー
　3,200円～15,000円

ゼネラルマネージャー
宮原 浩平 さん

プロポーズの演出やアットホームなパーティーなど、できるだけお客様のご要望にお応えします。お気軽にご相談ください。

❶ワインはソムリエに尋ねて　❷すぐそばに海を臨む小倉の夜景を見ながら特別な時間を過ごしたい　❸気温や湿度に応じて配合を変えるピッツァ　❹上品で落ち着いた雰囲気

住 北九州市小倉北区浅野3-9-30 北九州国際会議場2F
電 093-967-7361
営 11:30～14:30(OS)、18:00～22:00(OS21:00)
休 火曜日
席 70席、個室あり
払 カードOK
駐 提携駐車場あり
交 JR小倉駅より徒歩10分

ランチの平均予算
約2,000円

ディナーの平均予算
約6,000円

| 八幡西区 | 中国料理 |

中国料理　謝々餃子

チュウゴクリョウリ　シェイシェイギョウザ

ふわふわの卵にあんかけがトロリとかかった『天津飯』　630円

中華に笑顔が集まる

初代オーナーは自身の故郷である本場中国の味を北九州の人々に味わってもらいたいと、毎日のように様々な店の食べ歩きや中国での調査を行ったという。初めは水餃子と焼餃子のみの提供であったが、納得のいく味を出せるまで研究を重ね、中華丼やラーメンなどが徐々に仲間入りしていった。現在のメニューは60種類以上に増え、どの料理にもファンがついている。創業当初から30年以上店を支えるスタッフもおり、常連客との掛け合いはまるで親戚のよう。現在は代替わりし、中国から招かれた料理人の王《わん》夫婦が先代の味を継承している。「すべては喜んでくださるお客様のため。3世代、4世代で通える場所を目指しています」と話す王晶《わんじん》さん。家族のような温かさが心地よい。

❶乾燥した豆腐の細切り“幹豆腐” を使用した『炒幹豆腐』945円。優しい味わいにリピーターが多い ❷オリジナルの肉醤油を使用した『冷麺』630円。麺はラーメンと同じ麺 ❸『水餃子（10個）』504円。焼餃子より少し皮が厚く、もちもちとした食感。昔からの作り方を守って作る『焼餃子（10個）』504円。ニンニクは使用していない ❹『星包み』3個300円

Lunch & Dinner

- ❖ 焼ビーフン 630円
- ❖ 水餃子定食 630円
- ❖ 小籠包 3個 280円
- ❖ 蝦餃（エビ蒸し餃子） 3個 300円
- ❖ 家族コース 4～5名 4,990円、6,990円
- ❖ おまかせコース（4名より） 1名 2,980円

◎持ち帰り

- ❖ 生餃子（1箱24個） 1,050円
- ❖ 自家製肉まん（3個冷凍） 525円

オーナー
王《わん》 晶《じん》さん

4年前に店を引き継ぎました。長年通われる家族のようなお客様のために、これからも丁寧に料理を作っていきます。

住 北九州市八幡西区相生町16-12
電 093-621-3223
営 11:00～21:00
休 月曜日
席 85席
払 カードNG
駐 17台
交 西鉄バス相生バス停より徒歩3分

ランチの平均予算
約1,000円

ディナーの平均予算
約3,000円

|小倉北区|イタリアン|

リバーサイドキッチン ARCQA

リバーサイドキッチン　アルカ

『ワタリガニのトマトクリームフェットチーネ』1,706円。ワタリガニのうま味が生パスタに絡み合う、一番人気のパスタ

家族が安心して楽しめるイタリアン

活気にあふれる小倉船場町。紫川の支流沿いにあるこちらでは、イタリアンをベースにした料理を楽しむことができる。ノアの箱舟を意味する〝arca〟と水を意味する〝aqua〟を掛け合わせた店名は、ゆったりと大船に乗った気持ちで楽しんでほしいという思いからつけられたもの。料理長を務める津川さんは、福岡や東京で修行したのちも独自に研究を続け、自身の料理に様々な要素を取り入れ続けている研究熱心な料理人だ。野菜をたっぷりと使用し、食材の持ち味を活かす料理を心がけているという。「お子さまにもで楽しんでいただくために、ドレッシングやソースなどはアレルギー対応を考えて全て手作りしています」と津川さん。やさしさで満ちたレストランだ。

Lunch

- ❖ パスタランチ　1,080円
- ❖ アルカランチ　1,296円
- ❖ ハンバーグランチ　1,296円

Dinner

- ❖ お肉の前菜盛り合わせ　S1,080円、L2,160円
- ❖ 牛ホホ肉の赤ワイン煮込み　1,706円
- ❖ 本日のお魚のロースト　1,706円
- ❖ コース　2,500円〜

Drink

- ❖ フローズンカクテル（夏季限定）　864円
- ❖ カクテル　500円〜

店長・料理長
津川 和久 さん

バーテンダーが作るカクテルもおすすめです。貸切のパーティーなどでもご利用ください。

❶『アルカランチ』1,296円。パスタやキッシュ、オードブル3品など、おすすめをちょっとずつ楽しめるプレートランチ。ランチタイムのドリンクはセルフサービス　❷『ブイヤベース』2,138円　❸『20種野菜のイタリアンサラダ』S842円、L1,512円　❹広々とした店内は貸切パーティーに利用されることも多い　❺店舗のすぐ前には川が流れ、雰囲気抜群　❻手作りスイーツのなかでも人気がある『季節のフルーツタルト』　❼パーティー時にはオリジナルケーキを用意することもできる

- 住 北九州市小倉北区船場町7-17
- 電 093-513-5505
- 営 11:30〜16:00、18:00〜23:00（フードOS22:00、ドリンクOS22:30）
- 休 水曜日、年末年始
- 席 50席
- 払 カードOK
- 駐 なし
- 交 北九州モノレール旦過駅より徒歩5分

ランチの平均予算
約1,300円

ディナーの平均予算
約4,000円

小倉北区｜和食

稚加栄《チカエ》　小倉店《コクラテン》

『活魚入り会席』6,534円〜。注文に応じて生け簀からすくい上げたばかりの魚をさばく

北九州最大級の生け簀を備えた活魚和食料理店

福岡市で昭和36年に創業した日本料理店の小倉店。昭和52年に建てられた風情ある日本家屋で、重厚かつ風格がある佇まいだ。1階の北九州最大級の巨大な生け簀を囲む銀杏の板目が美しいカウンター席や小上がりの他、最大１００名までが着席できる個室を完備しているため、様々なシーンで利用が可能。生け簀には九州各地で水揚げされた関アジやイカ、オコゼ、伊勢海老、車エビ、アワビ、サザエ、鯛、ヒラマサなどが季節に合わせて常時15種類以上泳いでいるという。地元の人々の味覚に合わせた味付けや、郷土料理の「ぬかだき」など北九州の郷土料理もあり地域に寄り添う同店。接客での細やかな気配りや食材選びに手を抜かないという姿勢がもてなしに現れている。

Lunch

- ❖ お昼の和定食　1,500円

Dinner

- ❖ 季節会席　5,346円
- ❖ ふぐ会席　11,880円～
- ❖ 刺身盛合せ　（上）2,808円～
- ❖ 鰯ぬか炊き　702円
- ❖ いわしめんたい　972円

小倉店より

活き造りを得意とする和食料理店です。ごゆるりとおくつろぎください。

❶忘年会や新年会などにもピッタリな広間　❷掘りごたつの座敷では、同窓会や顔合わせが行われることもしばしば　❸ランチの『和定食』1,500円　❹1階では大きな生け簀を囲んで食事をすることができる　❺趣ある入口

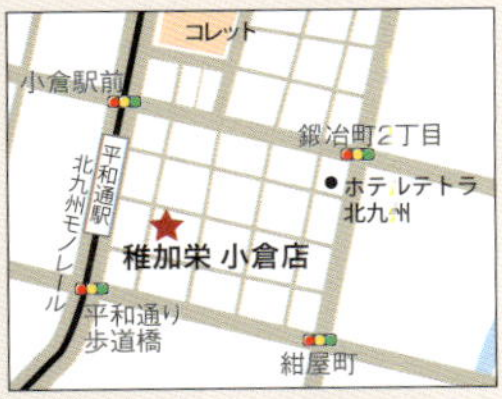

- 住 北九州市小倉北区堺町1-4-26
- 電 093-541-0791
- 営 11:30～22:00
- 休 盆、正月
- 席 カウンター30席、テーブル30席、個室7室、大広間1室
- 払 カードOK
- 駐 なし
- 交 北九州モノレール平和通駅より徒歩3分

ランチの平均予算
約2,000円

ディナーの平均予算
約6,000円

| 小倉北区 | イタリア料理 |

イタリア料理 scassacazzi《イタリアリョウリ　スカッサカッツィ》

『仔羊のオーブン焼き』2,000円

小さなイタリアで郷土料理とワインを楽しむ

イタリアン歴20年のオーナーシェフ・田中さんはローマで約２年間修行し、２００７年にこちらの店をオープン。実家が製麺所であったこともあって自家製生パスタを得意とし、モチモチとした食感が多くの人に愛される人気店だ。生パスタは気候に合わせて水分量や寝かし方の微妙な調整をし、安定した美味しさを追及しているという。ランチタイムはパスタが中心だが、ディナーは黒板に書かれたイタリアの数々の郷土料理から好きなものを選ぶスタイル。内容は季節によって変わる。料理にはその土地のワインを合わせてほしいと、イタリアワインの品揃えも豊富だ。イタリア人やイタリアに住んだ経験のある客も多く訪れ、本場の味覚を楽しんでいる。

Lunch

❖ 自家製生パスタ
(パン・サラダ付)　900円
❖ パスタコース　1,200円

Dinner

❖ ピッツァマルゲリータ　1,000円
❖ イベリコベジョータのグリル　1,600円
❖ 鮮魚のアクアパッツァ　2,000円

オーナーシェフ
田中 一徳 さん

コース料理はご予算に応じてご用意いたします。ワイン会などにもご利用ください。

❶『関門タコのカルパッチョ』1,000円　❷『和牛ホホ肉のラグーソースの生パスタ』1,100円　❸『地元野菜のラザニア』1,100円　❹店内の壁にかかっている黒板にはその日のおすすめがぎっしりと書かれている　❺町に馴染む外観

住 北九州市小倉北区京町1-6-26
電 093-541-2729
営 12:00〜15:00、18:00〜23:00
休 月曜日
席 22席
払 カードNG
駐 なし
交 JR小倉駅より徒歩5分

ランチの平均予算
約1,000円

ディナーの平均予算
約4,500円

|小倉北区|自然食|

自然食工房めぐみ

シゼンショクコウボウメグミ

コース料理にも含まれる『キッシュプレート』。たっぷりの野菜と豆腐や塩麹を使用している

身体が喜ぶ自然食レストラン

化学調味料・食品添加物・卵・乳製品・白砂糖不使用の料理を提供するレストラン。代表の堀川さんは全て手作り可能な昔ながらの食事を提案している。魚介や鶏の出汁を取り入れることもあるが、ほとんどの素材は野菜と穀物のみ。酵素玄米ご飯や自然発酵した自家製味噌を使用した味噌汁を基本に、調味料には甘酒や塩麹、無添加の醤油、本みりんはじめとする発酵食品をふんだんに取り入れている。重ね煮などなるべく素材の栄養素を壊さない調理法でうま味を引き出すため、野菜だけでもしっかりと満足感を感じられると、自然食にあまり馴染みがない客にも好評だ。予約でビーガンやグルテンフリーにも対応ができ、外国からの客も多い。事前相談でアレルギー対応も可能。

Lunch & Dinner

- めぐみの発酵食コース　2,160円
- 季節の発酵食フルコース　4,320円
- キッズプレート　864円
- デザートプレート　648円

Drink

- 玄米コーヒー　432円
- たんぽぽコーヒー　432円
- 有機栽培コーヒー　432円
- オーガニックワイン
  グラス540円、ボトル5,400円

代表取締役
堀川 一恵 さん

自然の力を取り入れた食事で身体をいたわりましょう。予約でお弁当もご用意ができますよ。

❶『めぐみプレート』1,296円。旬の野菜をふんだんに使用し、内容は季節で変化する　❷子ども用の椅子も用意されているのでママ友同士で訪れる客も多い　❸明るく過ごしやすい店内　❹店内奥では自家製醤油を発酵中　❺自家製味噌も並んでいる　❻『めぐみのパフェ』1,080円。メープルシロップ以外は全て手作り。グラノーラ、無花果ジャム、野菜のブラウニー（エノキ、キャベツ、切り干し大根、かぼちゃ、さつまいも、にんじん）などが幾重にも重なっている

住 北九州市小倉北区魚町3-3-20
電 093-511-2352
営 11:00〜20:00（木曜のみ12:00〜）
休 水曜日
席 14席
払 カードOK（5,000円以上の場合）
駐 なし
交 北九州モノレール平和通駅より徒歩2分

ランチの平均予算
約1,000円

ディナーの平均予算
約2,000円

｜小倉北区｜フランス料理｜

LA NATURE OHNO《ラ ナチュール オオノ》

『玄海産天然鯛のポワレ　ワタリガニのクリームソース　サフランリゾット添え』

本場仕込みのフレンチを自然体で堪能する

店内で目を引くのは、客席との境目がほとんど無いように感じるオープンキッチン。向かい合うカウンターは、オーナーシェフの大野さんの流れるような手さばきを見ることができる特等席だ。大野さんは福岡の有名レストランで修業をし、その後フランスで現地の感覚を身に着けた。帰国後も更に東京で経験を積んだ後、自身が生まれ育った小倉に店を構え、たちまち人気店の仲間入りをした。野菜は無農薬栽培や有機栽培されたもの。魚介は卸市場で自ら買い付け、毎日市場で実物を見てメニューを組み立てるそう。素材の自然なうま味を活かした料理は、健康に気を遣う客からも好評だ。フランスやイタリア産のビオワインを豊富に揃えているのも、嬉しいポイント。

Lunch

- ランチコース　2,000円
- フレンチコース　2,800円
- 贅沢フレンチコース（要予約）
  3,800円
- フレンチフルコース（要予約）
  5,000円

Dinner

- 季節のコース
  5,000円、7,000円、10,000円
- 記念日コース　13,000円

※すべて税・サ別表記

オーナーシェフ
大野 政文 さん

お客様との新たな出会いが生まれる瞬間が好きです。私たちもお客様に素敵な出会いを提供できる場所でありたいですね。

❶『山口のウニと無農薬人参のムース　オマール海老のジュレ添え』　❷『自家製サーモンのマリネとアボカドのタルタル　カリフラワーのムースとお花のサラダ』　❸キッチンを正面に見ることができるカウンター　❹テーブル席は程よく間隔があけられている　❺国産の自然派ワインの取り扱いもある

住 北九州市小倉北区船場6-1麻布ビルB1
電 093-511-3130
営 12:00〜14:00（OS）、18:00〜21:00（OS）
休 第1日曜日、月曜日
席 18席
払 ディナーのみカードOK ※Diner・AMEX・JCBのみ
駐 なし
交 北九州モノレール平和通駅より徒歩4分

ランチの平均予算
約4,000円

ディナーの平均予算
約7,000円

|八幡西区|和食|

御料理《オリョウリ》 まつ山《マツヤマ》

氷の器に入れた浮羽の吉井素麺と食感のアクセントになる細切りにした山芋に出汁を注ぎ、6〜12時間真空調理した鮑、キジエビ、山形から直送された茶豆などをトッピング。具材を食べた後にガラスのストローで出汁を飲む

子どもたちに残したい日本の料理

「上質な素材だけを使用し、見せかけでなく本当にいいものを作りたい」と語る店主の松山さん。一つ一つの食材に込められた生産者の思いを知り、魅力を最大限に引き出す方法を模索している。四季の食材を使用するのはもちろんのこと、季節の節目の五節句を取り入れた食事で日本古来の文化を献立で表現。節句独特の料理をアレンジするなど随所にサプライズを仕込みながらも、どれ一つとして仕事の手を抜いていないことが一口食べればわかるだろう。料理や素材については自分の言葉で伝えたいと、客と積極的に言葉を交わし説明する姿が印象的だ。また、日本料理を後世に伝えたいと食育にも携わる。文化を守るために日本料理店が立ち上がった。

Lunch

❖ お任せコース　6,000円

Dinner

❖ お任せコース　15,000円

店主
松山 相三 さん

当店は2019年3月にリニューアルを予定しております。姉妹店の自家製アイスクリーム店「KOMARU」もどうぞごひいきに。

❶夏野菜の冷やし旨煮冷たい夏野菜を涼しげに　❷年間通して最も美味しい赤ウニをふんだんに使い、カリフラワーソースと出汁のジュレで　❸ゆく年来る年おめでたい物づくしの1月　❹4月は地元の朝採りの大きなアスパラメイン茹でたてのアスパラは絶品　❺3月3日の上巳の節句にちなんで、春野菜を彩りよく菱形の器にならべる　❻姉妹店「KOMARU」のアイスクリーム。写真は「獺祭」と「熊本産落花生」

住 北九州市八幡西区藤田2-1-10
電 093-642-2278
営 12:00～14:00、18:00～、20:00～
休 日曜日
席 15席
払 ディナーのみカードOK
駐 4台
交 JR黒崎駅より徒歩7分

ランチの平均予算
約7,000円

ディナーの平均予算
約20,000円

小倉北区 | フランス料理

えしぇ蔵《エシェゾウ》

ランチの『日替わりサラダ』。生ハムやカルパッチョ、地だこマリネが少しずつあるのが嬉しい

夜な夜なワイン好きが集う旦過の隠れ家

旦過市場に隣接する「新旦過街」は路地に多数の飲食店が軒を連ねている趣あるエリア。その一画にある「えしぇ蔵」は、高品質で知られるワイン「エシェゾー」に由来する店名から想像される通り、オーナーシェフの青山さんが厳選したワインと共にフランス料理を気軽に楽しめる店だ。青山さんは有名ホテルなどでフレンチを学び独立。2018年9月には12周年を迎え、夜はワインにぴったりの小皿料理でもてなすワインバルの形態になった。小皿と言ってもどれもしっかりとしたフレンチばかり。ワインの飲み放題も用意され、これまで以上にワイン好きが集まる場所となっている。今夜も青山さんとのワイン談議に花を咲かせる陽気な声が聞こえてくる。

Lunch

❖ ランチ　1,000円

Dinner

❖ 小皿メニュー　500円～

Drink

❖ グラスワイン　700円～

❖ ボトルワイン　3,000円～

代表

青山 弘記 さん

一流の味わいで価格はリーズナブルを目指しています。ご予約でコース料理も承ります。

❶ワインの飲み放題プランで小倉の夜がもっと楽しくなる❷カウンターで隣り合った人と友人に発展することも多いのだとか❸一番人気のパスタ『明太クリームパスタ』1,080円 ❹ランチタイムには価格がお得な『おまかせオードブル』1,500円 ❺ランチは牛すじカレーやハンバーグなど曜日ごとにメニューが変わり、目当てのものを狙って訪れる常連も多い

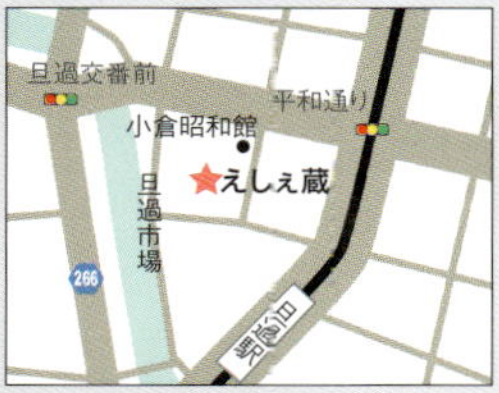

住 北九州市小倉北区魚町4-2-19
電 093-522-1510
営 11:30～14:30（平日のみ）、18:00～24:00（OS23:00）
休 日曜日
席 24席
払 カードOK
駐 なし
交 北九州モノレール旦過駅より徒歩3分

ランチの平均予算
約1,000円

ディナーの平均予算
約5,000円

|八幡西区|蕎麦|

そば処 一清庵《ソバドコロ　イッセイアン》

『天ざる』1,600円。ぷりぷりとした食感の海老と七種の季節野菜の天ぷらは綿実油を使用。写真の様に2種の蕎麦を楽しむこともできる

蕎麦を楽しむ大人の隠れ家

ＪＲ折尾駅を出てすぐの場所にある堀川の流れに沿って、レトロな店が立ち並んでいる。この地で蕎麦店を営む瀬戸山さんは、日本各地の有名蕎麦店に師事した経験を持ち、それぞれの師匠から学んだ技術を取り入れた蕎麦を提供している。蕎麦粉は、北海道幌加内市や長野県安曇野市、熊本県久木野村、広島県比和町など様々な産地のものを使い分け、二八（外二）、十割、田舎の3通りに仕上げる。時には更科蕎麦に季節の薬味を混ぜた、紫蘇切りや柚子切りなどの変わり蕎麦がメニューに並んでいることも。十四代をはじめとする全国の地酒銘酒40種類以上や焼酎、ワインなどアルコールも充実。焼酎は本格蕎麦屋でしか味わえない蕎麦湯割りもおすすめだ。

②

①

Lunch & Dinner

- ❖ ざるそば　850円
- ❖ おろしそば　1,000円
- ❖ 鴨南そば　1,400円
- ❖ そばみそ奴　350円
- ❖ 合鴨ロースのスモーク　500円
- ❖ そばガレット　600円

店主
瀬戸山 清裕 さん

毎年7月下旬は開店記念謝恩期間とし、くじ引きや樽酒の振る舞い酒、ロゴ入りタオルのプレゼントがあります。また、蔵元から杜氏を招いてのイベントも不定期で行っております。酒と共に蕎麦を楽しんでください。

③

⑤

④

❶蕎麦にぴったりの日本酒を教えてくれる。『蕎麦味噌』などアテも充実　❷『アサリと小海老ときのこのアヒージョ』750円。鰹出汁をベースにしたスープ仕立て　❸瀬戸山さんと会話しながら食事ができるカウンターがおすすめ　❹書道家が手掛けた味のあるお品書き　❺予約をすれば店内の蕎麦打ちスペースで蕎麦打ち体験をすることもできる。「蕎麦打ち体験教室」3,000円～

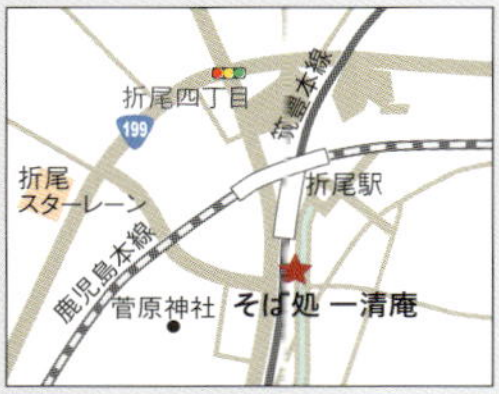

- 住 北九州市八幡西区堀川町1-14
- 電 093-601-1331
- 営 12:00～14:00、18:30～23:00
- 休 日曜日、第2・第4月曜日
- 席 15席
- 払 カードNG
- 駐 2台
- 交 JR折尾駅より徒歩1分

ランチの平均予算
約1,000円

ディナーの平均予算
約2,500円

｜小倉北区｜ステーキ｜

御肉平川《オニクヒラカワ》

宮崎県産のサツマイモを食べて育った「おいも豚」を使った『ホワイトロースハム』とヒレ肉を使用した『ローストビーフ』の盛り合わせ（写真は２人前）

上質なヒレ肉の楽しみ方を知り尽くした専門店

厳選した九州産和牛のヒレ肉やシャトーブリアンを中心に提供する肉料理専門店。柔らかい肉質ながらもしっかりとした肉のうま味を感じることができるシャトーブリアンは、ヒレ肉の中心部分のこと。塊で仕入れたヒレ肉の中からほんの少ししか取れない希少な部位だ。上質な肉をたらふく食べたいという客のために、ヒレ肉を使用したステーキやカツレツ、ハンバーグ、すき焼きなど多彩な肉料理を用意している。肉だけでなく、旦過市場で仕入れた新鮮な魚介を使った料理も楽しみの一つ。「旦過市場には信頼できる業者の方がたくさんいます。夏の岩ガキや甘鯛、ウニ、そら豆や葉ワサビなど、自分の目だけではなく、彼らと会話をしながら仕入れた野菜や魚介を楽しんでください」。

Dinner

❖ 夜のコース
8,800円／10,000円
❖ ステーキ（各200g）
・黒毛和牛シャトーブリアン
12,000円
・黒毛和牛ひれ焼き　9,800円
❖ 牛たたき　1,400円

オーナー
平川 靖之 さん

ワインの持ち込みは無料です。自慢の肉料理と共にお楽しみください。

❶『前菜』季節に合わせて4～6種類を盛り合わせる　❷萩の沖合にある見島近海で獲れた甘鯛の『魚プレート』　❸カウンターで平川さんとの会話するために訪れる客も少なくない　❹ヒレ肉を使用した『ステーキ塩焼き』（写真は2人前）　❺❻ゆっくりと過ごすことができる半個室もある

住 北九州市小倉北区馬借2丁目1-32F&Fビル1F
電 093-533-2063
営 18:00～22:00（OS21:30）
休 無休
席 20席（カウンター8、個室4席×3）
払 カードOK
駐 なし
交 北九州モノレール旦過駅より徒歩5分

ディナーの平均予算
約10,000円

｜小倉北区｜寿司｜

江戸前鮨《エドマエスシ》　二鶴《ニカク》

本カツオの漬け。二鶴オリジナルの赤酢と調和する一貫

一口に数多の技術を詰め込んで

足立山の麓にある「江戸前鮨二鶴」。店主の船橋さんは20才の頃に江戸前鮨と出合い、伝統技術の奥深さに魅了されたという。東京の老舗で12年の修行を経て帰郷し、地元の新鮮な魚介を使用した独自の鮨へと昇華させ、世界的なガイドブックで二ツ星をもらうほどに。塩や酢で〆る、煮る、蒸すといった江戸前鮨の丁寧な仕事を施したネタと見事な調和を見せるのが、鮨店の命ともいえるシャリ。オリジナルの赤酢と天然塩を使用し、予約の時間に合わせて炊き上げる。「ネタとシャリのマリアージュ。噛むほどに深まる二鶴の鮨ならではの味の余韻を楽しんで頂きたい」と船橋さん。食後には女将が作る和菓子が提供され、鮨と共に季節の色彩を表現している。

Lunch

❖ おまかせにぎり　5,940円～
❖ おまかせコース　12,960円～

Dinner

❖ おまかせにぎり　1C,800円～
❖ おまかせコース　12,960円～

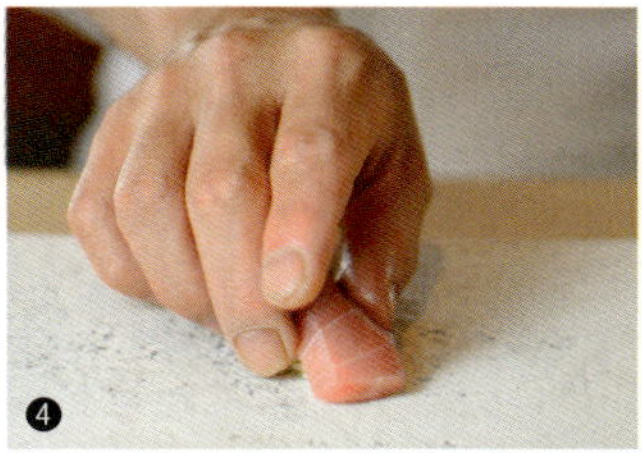

店主
船橋 節男 さん

江戸前鮨の素晴らしさをより多くの方に楽しんでいただければ幸いです。

❶秋から冬にかけて旬を迎えるサワラ　❷江戸前の丁寧な仕事を施したネタの数々　❸幻の魚といわれる白甘鯛　❹伝統の「本手返し」で握る鮨　❺季節の自家製甘味　❻店内はカウンターのみ。白木の一枚板が美しい　❼静かに佇む店の外観

住 北九州市小倉北区足立1-4-31
電 093-531-2442
営 12:00～14:00、17:30～22:00
休 水曜日
席 8席
払 カードOK
駐 3台
交 JR小倉駅よりタクシーで10分

ランチの平均予算
約12,500円

ディナーの平均予算
約18,500円

｜小倉北区｜フランス料理｜

レストラン キモト《レストラン キモト》

『嘉麻市産仔鹿のロースト 黒トリュフソース』。仔鹿は猟師から直接仕入れている。部位は内モモか背ロースを選べる

至福のフレンチは素材選びが鍵

2017年にオープンしたばかりだが、丁寧な仕事を施したフランス料理が食べられると早くも食通たちの中で話題になっているのがこちら。オーナーシェフの木元さんは、東京の名店や仏・ボルドーでフランス料理を学び、自身の故郷である小倉に店を構えた。食材は毎朝旦過市場へ出向き、上質なものだけを厳選。手に入ったものによってその日のメニューが決まる。山口県萩市で水揚げされた魚や若松の野菜、猟師から直接取り寄せる嘉麻市の仔鹿など、近隣地域の食材が多いのも特徴の一つ。素材本来の味を損なわないよう、塩と火加減のバランスを見ながら繊細に手を加えていく。新しい調理法への挑戦も積極的で、寿司屋直伝の昆布締めを取り入れた一皿もある。

Lunch

- ❖ コース
  2,700円、3,780円、5,400円

Dinner

- ❖ Mirage　5,400円
- ❖ Terroir　8,640円
- ❖ Gourmand　10,800円

オーナーシェフ
木元 翔太 さん

私自身、何を食べているのかわからないまま食事をするのは嫌なので、できるだけ食材への質問にお答えするようにしています。

❶『伊豆半島の金目鯛の昆布締めカルパッチョ仕立て』カリフラワーのピューレソース、若松のフルーツトマト、甘海老、萩の赤ウニ、カラスミ　❷シートタイプの席にはクッションを用意している　❸入口すぐのカウンター　❹『八女産白桃のコンポートロゼワインのシャーベットとバニラアイス、木いちごソースを添えて』。夏らしく甘酸っぱい爽やかなデザート　❺左の扉がレストランの入口　❻大人たちが集まる隠れ家的な雰囲気

- 住 北九州市小倉北区魚町4-2-14
- 電 093-981-5761
- 営 11:30～14:00、17:30～22:00
- 休 日曜日
- 席 20席
- 払 カードOK
- 駐 なし
- 交 北九州モノレール旦過駅より徒歩3分

ランチの平均予算
約4,000円

ディナーの平均予算
約8,000円

|小倉北区|フランス料理|

Pont Pierre《ボン　ピエール》

ディナーの『シェフおすすめコース』6,900円の前菜『サーモンの瞬間燻製と野菜のゼリー寄せ』、『イタリアの高級キノコ・ポルチーニ茸のヴルーテ』、『トコブシと新ゴボウのムース　北海道産ウニ添え』、『ズワイガニと白ネギのムース　キャビア添え』

心がときめく華やかフレンチ

オーナーシェフの石橋さんがこの場所に店を構えたのは2003年のこと。北九州の老舗フランス料理店で18年間修業し身に着けた繊細な技術を基本に、味はもちろん、見た目にも美しい料理を丁寧に作っている。野菜をたっぷりと使用した料理が多く、女性ファンも多い。魚料理はもちろん、肉料理も得意とし、特に『フランス・ブルゴーニュ産バルバリー仔鴨のロティ柚子胡椒風味』はオープン以来の人気料理だ。食事と一緒にワインも気軽に楽しんでほしいとグラスワインはスパークリングワイン1種類、白・赤3種類ずつを用意。ボトルも飲み頃でバランスのいいものを中心に揃えている。店内に流れるジャズを聴きながら、ゆっくりと気軽に楽しみたい。

Lunch（コースのみ）

❖ 気軽にランチメニュー　1,890円
❖ ちょっと贅沢ランチメニュー
2,900円

Dinner

❖ シェフおすすめコース　5,900円～
❖ アラカルト　800円～

◎持ち帰り
❖ 自家製チーズケーキ 14cm
2,500円

オーナーシェフ
石橋 誠 さん
料理と共に笑顔もお届けできればと思います。楽しいひと時をお過ごしください。

❶『タスマニアサーモンの炙りサラダ』 ❷『フランスブルゴーニュ産バルバリー仔鴨のロティ　柚子胡椒風味』 ❸『黒トリュフ入り塩バニラアイス』 ❹自慢のチーズケーキは店内でも食べられる ❺店内のワインセラーから、おすすめのものを出してもらえる
※すべて税・サ別表記

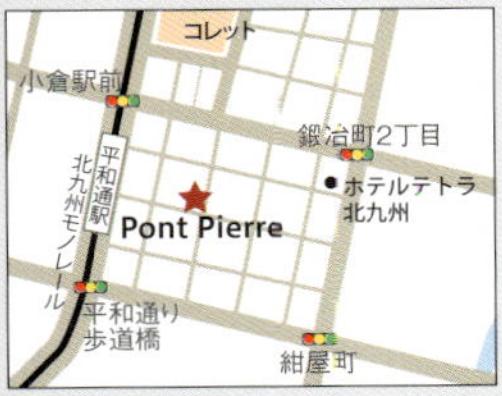

住 北九州市小倉北区鍛冶町1-3-12
電 093-533-0833
営 12:00～15:00（OS14:00）、18:00～23:00（OS22:00）
※昼は要予約
休 火曜日
席 24席
払 カードOK
駐 なし
交 北九州モノレール平和通駅より徒歩3分

ランチの平均予算
約4,000円

ディナーの平均予算
約6,000円

｜小倉北区｜フランス料理｜

ブラッセリー　マラン

ブラッセリー　マラン

『フォワ・グラのキャラメリゼ　フランボワーズのソース　リンゴの赤ワインローストと共に』1,500円。夜はコース料理の他、アラカルトを約30種類用意している

バー使いもできるフランス料理店

温泉旅館の仲居やバーテンダーとして働いた経験を持つオーナーシェフの船元さん。接客やアルコールの提供だけでなく、料理も自ら手掛けたいと北九州市内にあるフランス料理の名店で調理の技術とサービスを学んだ。店を構えてからも素材や調理法の探求を重ね、オードヴルからデザートのアイスクリームまでを全て手作り。素材も現地まで探しに行くという行動派だ。メニューは手に入った季節の食材から組み立てていく。

料理だけでなく、ワインやウィスキーをはじめ、フレッシュフルーツを使用したカクテルや新生姜を漬け込んだウォッカで作る「モスコミュール」など季節感のあるアルコールも充実。常連たちがつい長居したくなるのもうなずける。

Lunch

❖ ランチコース
1,620～5,400円

Dinner

❖ ディナーコース
3,240円～10,800円

Drink

❖ グラスワイン　620円
❖ ウィスキー・ブランデー
650円～

オーナーシェフ
船元 孝治 さん

メニューは1ヵ月半ごとに組み立てなおします。どんなことでもお尋ねください。

❶『アワビのコンソメ煮　肝のリゾットで』2,300円。柔らかくなるまで丸２日煮込んだ鮑と裏ごしした肝を使った十穀米のリゾット　❷『ヌガーグラッセ　阿蘇小国ジャージー牛乳のグラス』900円。夜のデザートには自家製のアイスクリームを添えて　❸2階の様子。天井が高く居心地がいい　❹1階カウンターはバーの様に利用することもできる

住 北九州市小倉北区木町3-2-1
電 093-583-3112
営 11:30～14:30(OS)、17:30～21:30(OS)
休 月曜日
席 22席
払 カードOK
駐 2台
交 JR南小倉駅より徒歩3分

ランチの平均予算
約2,000円

ディナーの平均予算
約5,000円

|小倉北区|フランス料理|

フランス料理　L'ami《フランスリョウリ　ラミ》

メインのおすすめ『鴨のもも肉のコンフィ　サラダ添』2,260円

フランスの空気を感じる郷土料理

　昼と夜とで表情が変わる不思議なレストラン。昼はパンの種類と具材が選べるフランスのサンドウィッチ『カスクルート』を提供するカフェ、夜はフランスの家庭で食べられている郷土料理を楽しむことができるビストロに。

　オーナーの出島さんは北九州や福岡のレストランでフレンチを学ぶ中で、フランスの人々が実際に食べている下町の料理に魅了されたという。現在でも毎年半月ほどフランスに滞在し、様々な地域の料理や食材を研究している。

　料理はアラカルトが中心で、豊富なワインと共に楽しみたいものばかり。また、レストランだけでなくパン屋でも経験を積んだことから、バゲット以外のパンは手作りしている。

Dinner

- ❖ ラタトゥイユ　540円
- ❖ パテ・ド・カンパーニュ　750円
- ❖ シャルキュトリー盛合せ　1,700円
- ❖ ステーク・フリット（240g）　2,590円

オーナー
出島 麻樹子 さん

その日のおすすめはすべて黒板に記載しています。予約でコース料理をご用意することもできますのでご相談ください。

❶ランチの『カスクルート』単品550円、スープ・サラダセット+350円。パンはバゲット・ゴマパン・フォカッチャの3種類から、具材はショーケース内から2種類を選べる　❷ショーケースには豊富な具材が並んでいる。どれにしようか迷ってしまいそう　❸手ごろな価格帯のワインを多数そろえている　❹『エスカルゴのオーブン焼』1,180円。パンと一緒に食べたい　❺ショーケースの中には、手作りのハムやパテなども並ぶ　❻店内のあちらこちらに飾られている、出島さんがフランスで見つけた小物などを探すのも楽しい

住 北九州市小倉北区馬借1-7-17-2F
電 093-541-1773
営 11:30～15:00、17:30～22:00（OS21:30）
休 月曜日、第1日曜日
席 20席
払 ディナーのみカードOK ※JCB以外
駐 なし
交 北九州モノレール旦過駅から徒歩2分

ランチの平均予算
約1,000円

ディナーの平均予算
約5,000円

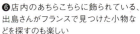

｜小倉北区｜イタリア料理｜

Bisteria Bekk

ビステリア　ベック

夏の定番『鮎のパスタ』鮎の状態で合わせる麺を変える。写真は太めの2.1mm

ここでしか食べられない小倉のイタリアン

通りからあまり目立たない控えめな外観。店内は活気のあるオープンキッチンがあり、カジュアルな雰囲気だ。京都の名店やイタリアなどで修業したオーナーシェフの菅沼康二さん。アラカルトではクラシックな郷土料理を中心に、コースではそれぞれに合わせて組み立てられた独創的な料理で楽しませてくれる。特に菅沼さんが得意とするのはパスタ。手に入った素材に合わせて麺の太さを変え、時には手打ちパスタを使用するなど、パスタの可能性はここまで広がるのかと驚かされる。食材は特殊なもの以外は近海の魚や地場の野菜が中心。ジャンルを超えた調理法を試すことも多く、そこから定番メニューへと昇華していくこともあるそう。訪れる度に新しいイタリアンが待っている。

Lunch

❖ ランチコース　3,000円～

Dinner

❖ ディナーコース　5,000円～

オーナーシェフ
菅沼 康二 さん

何度も来ていただいている方には、なるべく料理が被らないようにお出ししています。

❶7,000円コースの一例。仕入れによって変更。旬のアスパラにウニを組み合わせた『冷製パスタ』今回はスパゲッティとカッペリーニの中間の太さのフェデリーニを使用している　❷『鴨のロースト　赤ワインソース』ゆっくり火を入れてしっとり感を出し、皮は直前に焼いてパリッと仕上げる　❸『ハモのフリット』きゅうりのソース、実山椒と魚醤マヨネーズ、九条ねぎとハーブのサラダ　❹『ゴールドラッシュの冷製ポタージュ　カルボナーラ仕立て』うずらの温玉とパルミジャーノの薄焼き、グアンチャーレをトッピング　❺軽く火を入れた天然の車エビにデラウェアと焼きナスを合わせて。それ自体の味を楽しむため、カラスミでアクセントをつける他は味付けをほとんどしていない　❻その日の素材を透明なボードに記載している　❼温かみがありながらも洗練された店内

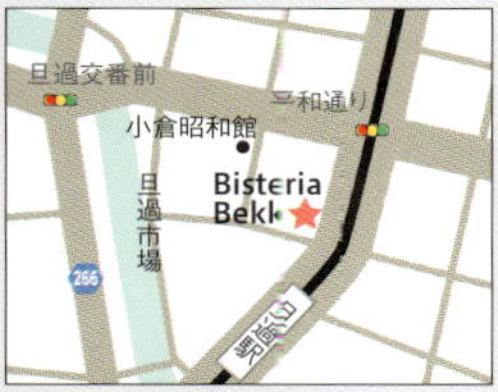

住 北九州市小倉北区魚町4-3-8
電 093-522-5225
営 12:00～13:30、18:00～21:00
休 火曜日、水曜日のランチ
席 26席（カウンター8席）
払 カードOK
駐 なし
交 北九州モノレール旦過駅より徒歩1分

ランチの平均予算
約4,000円

ディナーの平均予算
約7,000円

｜小倉北区｜和食｜

てんぷらや 茶園《テンプラヤ　チャエン》

シンプルな衣が素材の味を引き立てる。食材はそのまま食べられるものばかり。付け合わせの野菜もその時々で変化する。写真はふっくらと炊いた大根の天ぷら。自家製の柚子胡椒を添えるのがおすすめ

四季折々の天ぷらを揚げたてで

北九州では珍しい関西風を楽しめる天ぷら専門店。主人の茶園さんは京都や大阪で10年近く懐石料理の研鑽を積むなかで、様々な食材と相性が良い〝天ぷら〟に惹かれたという。故郷の小倉に戻り、ホテルでの天ぷら部門責任者などを経て自身の店をオープンさせた。食材は市場で仕入れる他、山に自生している山菜を茶園さん自ら採りに行くことも多い。「食材が一番おいしい旬の時期に食べることが究極の贅沢だと思っています。そのため、エビやアナゴといった定番の天ぷらも旬にしか登場しません。予約をいただいてから当日の食材を探します」と茶園さん。手に入ったものから献立を考えるため、メニューはおまかせのみ。どれもその日にしか出合えないものばかり。

Lunch & Dinner

- ❖ コース
  5,000円、8000円、おまかせ
  ※ランチとディナー共通
- ❖ ドリンク 500円～

オーナー
茶園　隆爾 さん

食べ方に決まりはありません。天ぷらの個数や食材のリクエストもお気軽にお伝えください。

❶フキと茗荷の塩こうじ和え　❷噛むほどにハモの身のうま味を感じられるハモのタタキ　❸サクッと軽いヒメジの天ぷら　❹ズッキーニの天ぷら。油で揚げることで甘みが増し、とろけるような食感に　❺生でも食べられるブロッコリーの天ぷら。つぼみと茎の食感の違いが楽しい　❻ハモの天ぷら。ほろりとした身が味わい深い　❼シメは茶漬けが定番。この日はモズクと野生のミツバ

- 住 北九州市小倉北区片野新町1-1-26
- 電 090-9402-0508
- 営 12:30～13:00、18:00～21:00
- 休 日祝、不定休（要予約）
- 席 7席
- 払 カードOK
- 駐 なし
- 交 北九州モノレール片野駅より徒歩5分、JR城野駅より徒歩15分

平均予算
約8,000円

｜小倉北区｜創作料理｜

創作懐石　やす多

ソウサクカイセキ　ヤスダ

『宮崎牛のロースト』昆布出汁をベースにした味付け

様々な要素が混ざり合い進化する懐石

大将の安田さんはもともと懐石料理を手掛けていたが、伝統の型に固執するのではなく美味しさを追求し、現在のような洋食の要素を取り入れた創作懐石にたどり着いた。

フォアグラやオマール海老、チーズなど西洋の食材も積極的に取り入れるが、近海で獲れた新鮮な魚介や広島県廿日市の山葵、平尾台の米といった長年信頼しているものを使用するなど食材選びにも気を配る。作り置きはしないため、カウンターに座れば、炭を熾す音や揚げ物の油の音などがＢＧＭのように聞こえ、まるで調理の音や香りまでもがコースの一部のようだ。客とのコミュニケーションを大事にする安田さん。会話を楽しみにカウンターを選ぶ常連客も少なくない。

Lunch

❖ ランチコース　6,000円～

Dinner

❖ ディナーコース　7000円～

Drink

❖ 生ビール（大）　600円
❖ 日本酒　600円～

大将
安田 崇彦 さん

食事に特別なルールは必要ありません。肩の力を抜いてお楽しみください。

❶甘めの土佐酢でさっぱりと『甘鯛の揚げ物　夏野菜とマスタードソースを添えて』ズッキーニやトマトなどの夏野菜を使用。マヨネーズのもとのような特製の"たまもと"をつけて❷ゆったりと過ごせる個室もおすすめ　❸白木が美しいカウンター。大将こだわりのワインも豊富なので、気軽に尋ねよう　❹白い暖簾が目印　❺夏の前菜『オマール海老のゼリー寄せ』たっぷりの野菜と鰹出汁のゼリーが涼しげ

住 北九州市小倉北区砂津1-4-29
電 093-531-5200
営 17:00～23:00　※ランチは要予約
休 なし
席 カウンター8席、個室5部屋
払 カードOK
駐 4台
交 北九州モノレール平和通駅より徒歩9分

ランチの平均予算
約7,000円

ディナーの平均予算
約9,000円

|小倉北区|和食|

YOSHIDA Kappou

ヨシダカッポウ

魚料理『オマール海老のソテーと鮎の塩焼き』。一番出汁で使用したカツオとコンブを佃煮にしたソースを添えて。有田焼を中心に揃えられた器が料理の華やかさを引き立てている

新感覚の現代和食をめしあがれ

外観はフレンチやイタリア料理店を思わせる佇まいだが、こちらで提供するのは〝日本料理〟。オーナーの吉田さんは、フレンチやイタリアンで修行してきた経験や技法を活かし新しい形の〝現代和食〟を創作した。日本の味とも言える鰹節と昆布の出汁を使い素材の旨味を引き出しているのが特徴だ。華やかでありながらどこか懐かしい味わいは、幅広い年齢層に支持を得ている。〝食事には醸造酒〟との考えから特に日本酒とワインに力を入れ、ワインは手頃な物からグラン・クリュまでを幅広く、日本酒は米の旨みを感じられる純米酒系を取り揃えている。料理だけでなく、器やカトラリー、グラスにも上質な物を揃えたいというシェフ。おもてなしの心が随所に溢れている。

⑤

⑥

①

④

②

Lunch

- お昼のコース
  2,800円／5,500円

Dinner

- 夜のコース
  5,500円／8,800円／12,000円
- 日本酒　750円～
- ワイン　850円（グラス）～

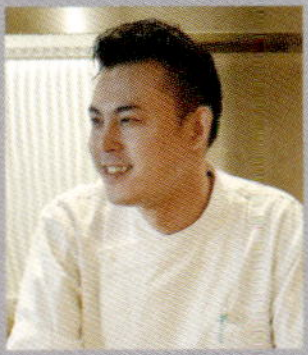

オーナー
吉田 圭吾 さん

派手な料理ではなく、シンプルにおいしいと感じることができるものを目指しています。自分がおいしいと感じるものしか提供しません。

❶『1級フルコース』8,800円。前菜盛り(季節と時期により変更)マイルドな酸味の和風ピクルスしめ鯖添えや自家製クリームチーズ豆腐と雲丹の出汁ジュレ掛け、合鴨の低温ローストさつまいものシャンパン煮、イカと夏野菜の和え物、おひたしとボンゴレビアンコ風煮貝　❷肉料理は和牛頬肉の柔らか煮。フレンチの赤ワイン煮込みの様に日本酒、味醂、醤油を使い柔らかく仕上げた一品　❸きな粉や黒糖、黒蜜を使ったティラミス風の“キナミス”、豆乳プリンの自家製餡子添え、季節の果物　❹真鯛・本マグロ・天使の海老のお造り　❺吉田さんはDIYも得意。訪れるたびに変化がある　❻奥の個室の様子

③

住 北九州市小倉北区馬借2-1-22エイトピア花房105
電 093-521-5125
営 12:00～13:00（OS）、18:00～21:30 ※昼は要予約
休 不定休
席 22席（カウンター6席）
払 カードOK
駐 なし
交 西鉄バス医療センター前より徒歩3分、北九州モノレール旦過駅より徒歩10分

ランチの平均予算
約4,000円

ディナーの平均予算
約8,000円

｜戸畑区｜南インド料理｜

106サウスインディアン 北九州店《イチマルロクサウスインディアン　キタキュウシュウテン》

ぐつぐつと出来立ての状態で運ばれてくる『タンドリーチキン』840円

北九州で楽しむ南インドの食文化

総料理長を務めるスワミさんは、来日して24年。今では北九州が第2の故郷だというほど日本に馴染んでいる。東京の有名インド料理店で総料理長を務めていたスワミさんの叔父さんは、日本に南インド料理を伝えた人物と言われており、スワミさんも叔父さんと共に東京で約10年の経験を積んだ。南インド料理は野菜をたっぷりと使用し、油の使用が少ないのが特徴で、砂糖の代わりにはちみつが使用されている。また、通常30種類以上も使用するというスパイスはインドから取り寄せたもの。なかには日本では手に入れにくいものもあるのだとか。カレーに欠かせない玉ねぎなどの野菜は若松産のものを使用している。ここでしか作れない料理で南インドの食文化を伝えている。

Dinner

❖ 平日スペシャルランチ　1,680円

Dinner

❖ 106コース　2,980円
❖ ベジビリヤニ　1,380円
❖ ミールス　1,980円

Drink

❖ インドビール各種　700円
❖ インドウィスキー　500円～

総料理長
ロード・スワミ さん

ベジタリアンに対応したミールス（定食）もご用意しています。野菜たっぷりの南インド料理を体験してみてください。

❶『マンゴーラッシー』400円 ❷『バターチキンカレー』980円。ランチはナンorライス付き。『カシミールカレー』890円。ランチはナンorライス付き ❸カウンターで思い思いの時間を過ごしてもいい ❹ヒンドゥー教の神・ガネーシャの像がお出迎え。店内のいたるところに飾られたインドの飾りを眺めるのも楽しい

住 北九州市戸畑区新池1-10-1
電 093-873-1065
営 平日11:30～15:00、17:00～22:00　土曜日11:30～23:00
日曜日11:30～22:00（祝前日は～23:00）
休 不定休、年末年始
席 31席
払 3,000円以上の場合のみカードOK
駐 なし
交 JR戸畑駅より徒歩5分

ランチの平均予算
約1,500円

ディナーの平均予算
約4,000円

｜小倉北区｜寿司｜

天寿し《テンズシ》　京町店《キョウマチテン》

飾り切りしたヤリイカとウニの握り。仕上げに人参やかぼちゃの粉末で色付けされた「にしきごま」をふりかけている

細目にまで気を配られた一期一会の一貫

国内のみならず、海外からも数多くのゲストが足繁く通う、言わずと知れた名店。店主の天野功さんは、塩と柑橘の酸味で寿司を味わう〝小倉前〟の走りを築いた先代の技巧を継承し、発展させ続けている。常連客には、一口目から最後の一口までストーリーと躍動感がある、と評する食通も。いつ訪れても最高の時間を楽しめるよう、ネタの鮮度はもちろん、手作りのガリや冷めないよう幾度も交換されるお茶、食後のメロンまで気を抜くことはない。閉店後には必ずその日に使用した包丁をいたわるように研ぎ、明日へと備える。こうした天野さんの寿司に対し誠実に向き合う姿勢は、手から客へと伝わり、本物を知る大人たちの心を動かし続けている。

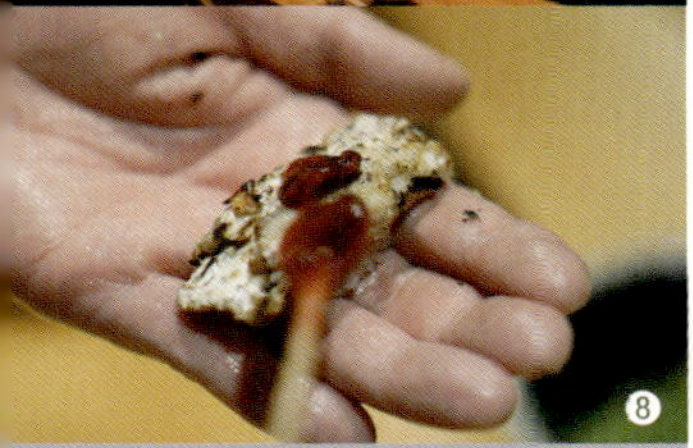

Lunch & Dinner

❖ 15貫　25,000円のみ

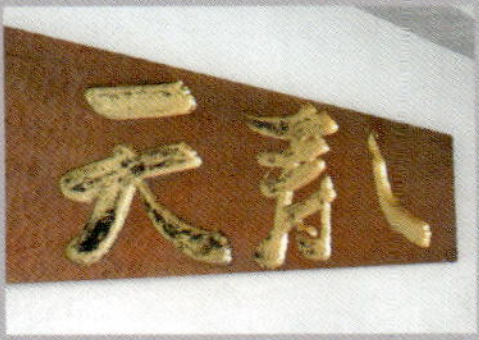

店主
天野 功 さん

一つ一つ初心を忘れないよう握っています。また食べたいとおっしゃっていただくことが何よりのお代です。

❶太刀魚は梅肉を添えて　❷ウニは藍島と安岡の獲れたてのもの　❸鰺には粉醤油を使用　❹ほどけるような食感の穴子　❺中トロの漬け　❻玉子は隠し味にはちみつを使用。華やかな香りが鼻に抜ける　❼ネタの冷えすぎを防ぐためにガラスのネタケースは置いていない　❽経験に裏打ちされた指先の感覚で絶妙な仕事を行う

写真提供:うどんが主食

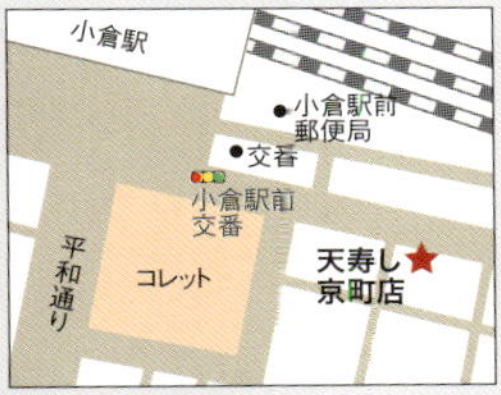

住 北九州市小倉北区京町3-11-9
電 093-521-5540
営 12:00～、14:00～、17:30～、19:30～
休 月曜日、火曜日
席 カウンター5席
払 カードNG
駐 2台
交 JR小倉駅(南口)より徒歩5分

ランチの平均予算
約25,000円

ディナーの平均予算
約25,000円

八幡西区 | フランス料理 |

エス 小林《エス コバヤシ》

6,800円のコースのメインディッシュ『日向ポークタンのマデラ酒煮込み』。フランスでポピュラーなマデラ酒を使用

素材と真摯に向き合う職人技のフレンチ

オーナーシェフの小林さんは、フランス料理の世界に足を踏み入れてから28年。料理には誠実さが一番と、天然魚や農家から直接取り寄せる野菜など素材選びにも余念がない。なかでも魚市場には長年通い続けて信頼を得ることで、漁師から直接仕入れることができるようになったという。「お客様に心から楽しんでいただくために、すべての工程で絶対に手を抜けません」と小林さん。ワインは常時１２０〜１３０種が揃っており、料理に合うものをチョイスしてくれるほか、日本酒も厳選して準備。料理もお酒もお任せでと小林さんを信頼して訪れる常連も少なくない。記念日やお祝いの場として選ばれることも多いが、アラカルトにも力を入れており、普段使いにもおすすめだ。

Lunch

- ❖ ランチセット　1,800円
- ❖ ランチコース
  3,000円、5,800円

Dinner

- ❖ オートクチュールコース　8,500円～
- ❖ 本日の鮮魚のカルパッチョ
  1,280円
- ❖ 自家製ベーコンの
  カルボナーラ　1,380円

Drink

- ❖ グラスワイン　600円～
- ❖ グラスシャンパン　1,500円～
- ❖ 日本酒　700円～

オーナーシェフ
小林 誠一 さん

2019年には開店してから5周年を迎えます。団体様もお一人様もごゆっくりとどうぞ。

❶フランスアルザス地方の郷土料理『タルト・オ・フランベ』600円　❷『天然真鯛とホタテ貝柱のポワレ　ベルモットソース』。フレンチの命ともいわれるソースは多めに盛り付けられているので、自家製パンにたっぷりとつけて食べよう。パンはお代わり自由　❸『トマトソースのプレーンオムレツ』580円　❹奥の半個室はソファ席　❺『パルマ産生ハムと季節の果物サラダ』1,280円　❻広々とした店内はキッチンの様子もうかがえる

- 住 北九州市八幡西区光貞台1-2-2本城西団地内
- 電 093-603-3688
- 営 11:30～15:00（OS14:00）、18:00～23:00（OS22:00）
- 休 月曜日、火曜日の昼、不定休あり
- 席 28席（カウンター4席）
- 払 ディナーのみカードOK
- 駐 共同駐車場17台
- 交 九州市営バス本城西団地より徒歩2分

ランチの平均予算
約4,000円

ディナーの平均予算
約7,000円

北九州
こだわりの美食GUIDE
至福のランチ&ディナー

インデックス

月刊はかた編集室　著

取材・撮影・本文
前原 礼奈

デザイン
中川内 さおり

北九州 こだわりの美食 GUIDE 至福のランチ&ディナー

2018年 10月10日　第1版・第1刷発行

著　者　月刊はかた編集室（げっかんはかたへんしゅうしつ）
発行者　メイツ出版株式会社
代表者　三渡 治
〒102-0093 東京都千代田区平河町一丁目1-8
TEL：03-5276-3050（編集・営業）
03-5276-3052（注文専用）
FAX：03-5276-3105
印　刷　三松堂株式会社

ご意見・ご感想はホームページから承っております。

メイツ出版ホームページアドレス http://www.mates-publishing.co.jp/

編 集 長：折居かおる　　副編集長：堀明研斗
企画担当：堀明研斗